核心价值观微阅读

成云雷　成佛影　著

山东人民出版社·济南
国家一级出版社　全国百佳图书出版单位

图书在版编目（CIP）数据

核心价值观微阅读/成云雷，成佛影著.--济南：山东人民出版社，2018.4（2019.1重印）
ISBN 978-7-209-10743-3

Ⅰ. ①核… Ⅱ. ①成…②成… Ⅲ. ①社会主义建设-价值论-中国-通俗读物 Ⅳ. ①D616-49

中国版本图书馆CIP数据核字(2018)第016879号

核心价值观微阅读
HEXIN JIAZHIGUAN WEIYUEDU
成云雷　成佛影　著

主管部门　山东出版传媒股份有限公司
出版发行　山东人民出版社
社　　址　济南市英雄山路165号
邮　　编　250002
电　　话　总编室（0531）82098914
　　　　　市场部（0531）82098027
网　　址　http://www.sd-book.com.cn
印　　装　青岛国彩印刷有限公司
经　　销　新华书店

规　　格　32开（148mm×210mm）
印　　张　7
字　　数　140千字
版　　次　2018年4月第1版
印　　次　2019年1月第2次
印　　数　10001—15000
ISBN 978-7-209-10743-3
定　　价　25.00元

前 言

习近平总书记指出："人类社会发展的历史表明，对一个民族、一个国家来说，最持久、最深层的力量是全社会共同认可的核心价值观。"在党的十九大报告中，习近平总书记要求："把社会主义核心价值观融入社会发展各方面，转化为人们的情感认同和行为习惯。"因此，核心价值观的践行和培育，无论对于广大党员干部还是其他社会阶层来说都是至关重要的任务。

社会主义核心价值观扎根于中华优秀传统文化，同时汲取了全人类先进文明的积极成果。与之相应，本书所创作的核心价值观微故事，主要取材于中华优秀传统文化，体现了中华文化的精髓，反映了中国人的价值追求，同时对体现人类文化智慧的国外精彩故事兼收并蓄，努力追求不忘本来和吸收外来的有机统一。在此基础上，本书紧密结合当下生活，面向未来，积极传播当代中国的价值观念。全书对应社会主义核心价值观三个层次十二个范畴，共分十二个部分。

“富强”即国富民强，是国家繁荣昌盛、人民生活幸福安康的物质基础。

“民主”即人民当家做主，是社会主义的生命，也是人民创造美好幸福生活的政治保障。

“文明”是社会进步的重要标志，是社会主义现代化国家的重要特征，也是实现中华民族伟大复兴的中国梦的重要支撑。

“和谐”集中体现了学有所教、劳有所得、病有所医、老有所养、住有所居的生动局面。广义的和谐，除了人与人之间的和谐，还包括人与自然的和谐乃至个体自我身心的和谐。

“自由”即人的意志、存在和发展的自由，是人类社会的美好向往，也是马克思主义追求的社会价值目标。

“平等”即公民在法律面前一律平等，其价值取向是不断实现实质平等。

“公正”即社会公平和正义，是国家、社会奉行的根本价值理念，推进社会公平正义是执政党和政府的良心所在。

“法治”即依法治国，是社会主义民主政治的基本要求，也是实现自由、平等、公平、正义的制度保证。

“爱国”即热爱祖国，基于个人对国家和民族的忠诚与热爱，是服务社会，造福人民。

“敬业”即爱岗敬业，是良好的工作态度和认真的工作作风，充分体现了社会主义职业精神。

“诚信”即诚实守信，是社会主义道德建设的重点内容，强调诚实劳动、信守承诺、诚恳待人。

“友善”即和睦友好，是社会主义新型人际关系努力追求的目标。广义的友善还包括善待动物、植物乃至一切自然之物，积极保护生态环境。

我们希望借助这些富有阅读趣味的小故事，持续传递社会主义核心价值观的正能量，为提高全社会各阶层的文明素养和营造风清气正的社会氛围贡献一份力量。核心价值观的普及和培育，不仅仅是知识传授与理性自觉，更重要的是价值认同和情感内化。微阅读寓情于理，情景交融，小故事中有大能量，让人在趣味阅读中体会人情物理，在见微知著中培育和践行社会主义核心价值观。

核心价值观

目录

核心价值观

富强

■ 富强即国富民强，是社会主义现代化国家经济建设的应然状态，是中华民族梦寐以求的美好夙愿，也是国家繁荣昌盛、人民生活幸福安康的物质基础。

上溢而下漏。

昔日，西伯姬昌曾向姜子牙请教：“何以得天下？”姜子牙说：“王者之国，使人民富裕；霸者之国，使士富裕；仅存之国，使大夫富裕；无道之国，使国库富裕，这叫作‘上溢而下漏’。”姬昌听后立即派人打开粮仓赈济穷人，百姓欢欣鼓舞，国家日益强盛。

齐桓公问管仲：“我想使国家富强、社稷安定，要从什么地方做起呢？”管仲回答说：“必须先得民心。国君爱惜百姓，先使百姓富足，而后国家才能得到治理。安定的国家富裕，混乱的国家贫穷，就是这个道理。”齐桓公听从管仲的建议，发展经济，积财通货，设立各种经济管理部门，观察年景丰歉，了解人民的需求，鼓励与境外的贸易。此后，齐国终于成为东方第一经济强国。

孙叔敖辅佐楚庄王。

孙叔敖是春秋时期楚国的令尹。公元前597年，楚国派兵攻入郑国都城。在郑襄公的请求下，楚庄王同意郑国媾和。晋国听说郑国被围，出兵前来救援。楚庄王听信谗言，决定攻打晋军，并扬言谁敢提反对意见，杀无赦。孙叔敖说："害怕严刑斩首而不敢劝谏国君的人，不能算是忠臣。"话毕，他大步走进楚庄王的行宫，用"螳螂捕蝉，黄雀在后"的典故，提醒楚庄王不要只贪图眼前利益，而不去顾及后面的灾祸。楚庄王如梦初醒，立即派人前去与晋国议和。楚庄王在孙叔敖的辅佐下励精图治，终成为一代霸主。

齐国大夫晏婴，是中国历史上杰出的政治家、思想家。为了齐国的长治久安和繁荣昌盛，他提出四项治国主张：第一，任人唯贤，不私于亲；诛不避贵，赏不避贱；第二，轻赋敛，均贫富，耕者十取一，减轻百姓负担；第三，努力发挥渔盐优势，增加国库收入；第四，废除严刑苛法。这些治国主张为齐国的强盛提供了有力保障。

晏子论社鼠。

一天，齐景公问晏婴："治理一个国家，首先要除掉的祸患是什么？"晏婴沉思片刻后回答："应该是土地庙里的老鼠。"齐景公不解地问："此话怎讲？"晏婴不紧不慢地道来："土地庙是国家祭祀土地神的地方，人们主要用木头建庙，并在木头外表涂上泥土。老鼠往往喜欢在庙里做窝，用火熏它们担心把木头烧坏，用水灌则担心毁坏涂泥，除掉这些老鼠实在很难。一个国家也会有这样害人的老鼠，即那些国君所亲信的小人！这些小人对国君刻意逢迎，对待臣民百姓则欺压盘剥。所以，国君要想治理好一个国家，首先就要下决心亲手除掉他们，这样才能实现国家的繁荣富强。"

子产是春秋时期郑国的执政。他认为郑国要富强，必须进行一番革新。他主张在全国范围内进行农业普查，把村中的田地划清界限，挖好沟渠，将那些被非法侵占的土地，或者充公，或者归还所有者。在这个过程中，子产承认新兴的土地所有者，使部分奴隶获得解放，大大提高了民众的生产积极性，促进了经济的发展。

卧薪尝胆。

春秋末年，吴国打败越国，越王勾践被俘。勾践在吴国为奴，受尽了屈辱。三年后，吴王赦免了他。勾践回国后，发愤图强，立志复仇。为了激发自己的斗志，他每天晚上枕着兵器，睡在柴火堆上。他还在屋内挂上一只苦胆，每天早上起来后就尝尝苦胆，对自己说："你难道已经忘记在会稽山上所受的耻辱了吗？"勾践派文种管理政事，让范蠡管理军事，自己到田里与农夫一起干活，他的妻子也亲自纺线织布。勾践的举动感动了越国上下，经过十几年努力，越国兵精粮足，转弱为强，最终灭了吴国。

春秋时期，鲁哀公问有若："年成不好，国家财政困难，该怎么办？"有若对曰："为什么不试着按照古代的做法收十分之一的税？"鲁哀公又问："我现在收十分之二，还不够用，要是收十分之一，不是更加不够用了吗？"有若答道："老百姓如果富足，国君怎么会不富足？老百姓如果用度不足，国君又跟谁一起富足呢？"

商鞅变法。

战国初期，魏文侯任用李悝变法，魏国逐渐走向强盛。李悝着力解决农民生活上的困难，按照庄稼收成好坏由国家来调节粮价。收成好的时候以平价购进粮食，收成不好的时候以平价卖出，避免粮价过高或过低，使生产者和消费者可以不受粮价波动的影响。李悝的这些做法，对于稳定社会秩序，增强国家实力，起到了重大的作用。

战国时期，卫国人公孙鞅到秦国后求见秦孝公，向秦孝公讲述富国强兵的办法。秦孝公听后十分高兴，任命公孙鞅为左庶长主持变法。公孙鞅是卫国国君的后裔，姬姓公孙氏，又称“卫鞅”。公孙鞅后因战功封於、商十五邑，号为“商君”，故人们称之为“商鞅”。商鞅在秦国主持多次变法，变法严苛且赏罚分明，奖励军功，鼓励人们做好本职工作，因辛勤耕织而使粮食布匹增产的，可免除徭役。新法实行十年后，秦国路不拾遗，百姓为国家作战时表现勇敢，却不敢在私下里斗殴，乡村、城市都安定繁荣。秦国能够由弱变强并且在后来的历史发展中战胜六国统一天下，商鞅变法起到了关键作用。

邹忌讽齐王纳谏。

战国时期，齐国大臣邹忌用自己与徐公比美的故事进谏齐威王，齐威王备受启发，于是下令：“所有的大臣、官吏、百姓，能够当面批评我的过错的，得上等奖赏；能够上书劝谏我的，得中等奖赏；能够在众人集聚的公共场所指责、议论我的过失，并传到我耳朵里的，得下等奖赏。”政令刚一下达，所有大臣都来进言规劝，宫门庭院就像集市一样喧闹；几个月以后，偶尔还有人进谏；一年以后，大家即使想进言，也没有什么可说的了。燕、赵、韩、魏等国的臣民听说了这件事，都主动到齐国朝见齐威王。

汉初，社会经济凋敝，直至汉文帝、景帝时期国力才逐渐恢复。汉文帝提倡节俭，他曾经想建一个露台，但因需用百金，便放弃了这一想法。他说：“百金相当于十家中产人家的财产总和了，我继承先帝的宫室，常觉得羞愧，怎么能花百金建露台呢！”为了减轻人民的税赋负担，他还减少自己的开支，裁减侍卫人马。汉景帝下诏拒收地方进贡的锦绣等奢侈物品，并禁止地方官员购买黄金珠玉，否则以盗窃论罪。这一时期政治清明，经济发展，百姓生活安定，史称“文景之治”。

异物内流则国用饶，利不外泄则民用给。

公元前81年，汉昭帝下诏将各郡国推举的贤良文学人士聚集京城，让他们与政府负责财政的大臣桑弘羊等官员就汉武帝时期推行的各项政策进行辩论，史称“盐铁会议”。其中有一项主张值得关注：异物内流则国用饶，利不外泄则民用给。其大意是：能经常把别国的财物引进本国，那么这个国家可供利用的资财就会很丰富；能保证各种财利不从本国流入别国，那么这个国家人民的财物就会很充足。这两句话说明在对外开放中，要善于引进外资，利用外国先进的经验和技术发展本国经济，同时做到“利不外泄”，以维护本国的经济利益，实现国家繁荣富强。盐铁会议的召开，对此后汉王朝的统治政策产生了积极的影响，促进了国家的富强。

唐太宗即位后，居安思危，励精图治。一次，唐太宗与群臣讨论消灭强盗的方法，有人主张制定严刑峻法，唐太宗不以为然。唐太宗认为百姓之所以做强盗，是因为赋役太重，官吏贪暴，以至于饥寒交迫，才铤而走险，所以应该减轻赋税和徭役，整顿吏治。如此过了几年，大唐天下太平，路不拾遗，夜不闭户，呈现出前所未有的盛世气象，史称“贞观之治”。

魏徵犯颜直谏。

有一年，唐太宗听信某位大臣的建议，打算将不满十八岁但身材高大的男子，也划在征兵之列。诏书起草好，却被魏徵扣住不发。唐太宗大发雷霆，魏徵却不慌不忙地说："我听说，把湖水弄干捉鱼，虽能得到鱼，但是来年湖中就无鱼可捞了；把树林烧光捉野兽，也会捉到野兽，但是来年就无野兽可捉了。如果把那些身强力壮、不到十八岁的男子都征来当兵，以后朝廷还从哪里征兵呢？国家的租税杂役，又由谁来负担呢？"良久，唐太宗说道："我的过错很大啊！"于是，唐太宗重新下了一道诏书，免征不满十八岁的男子当兵。唐太宗从善如流，能够听取魏徵等人的意见是唐初国力走向强盛的重要原因之一。

开元年间，唐玄宗提倡节俭，规定三品以下的大臣，以及内宫后妃以下者，不得佩戴金玉制作的饰物；并且遣散一批宫女，以节省开支。他又下令全国各地均不得开采金玉及制造锦绣，一改武则天以来国家的奢靡之风。此后，国家财政丰裕，粮仓充实，物价低廉，人口大幅增长。波斯、大食商人纷至沓来，长安、洛阳等大都市商贾云集，十分热闹。中国的社会发展达到了全盛阶段。

从两餐到三餐。

宋代以前，老百姓一日只吃两餐，而皇室可以一日四餐，诸侯一日三餐。西汉时，给因叛变而被流放的淮南王的圣旨上，就专门点出，“减一日三餐为两餐”。宋代经济繁荣，各类酒店不像唐代那样被固定在坊市中间，国家取消宵禁，晚上夜生活丰富，慢慢地一日两餐变为三餐。

从北宋开始，国家取消了传统的宵禁制度。宋太祖赵匡胤曾下令：“不得禁止京城夜市。”以北宋都城东京为例，当时形成了两处较大的夜市：一是御街上的州桥夜市，二是马行街夜市。在夜市上的各色货物中尤以各种小吃最为丰富，有卖南食的，有卖北食的，且都有专店出售。冬夏季节不同，食品也各不相同。夜市基本上不再受时间的限制，夜市未了，早市开场，间有鬼市，甚至还有跳蚤市场，买卖昼夜不绝。古人用双手和智慧，创造了中国历史上的“黄金时代”。

世界最富丽名贵之城。

北宋熙宁年间，一个叫刘彝的官员在赣州任知军，为解决水患，他根据街道布局和地形特点，采取分区排水的方法，建成了两个排水干道系统。因两条沟的走向形似篆体的“福”“寿”二字，故名“福寿沟”。福寿沟利用城市地形的高差，采用自然流向的方法，使城市的雨水、污水自然排入江中。此外，刘彝又根据水力学原理，在出水口“造水窗十二，视水消长而后闭之，水患顿息”。至今，全长12.6公里的福寿沟仍承载着赣州近10万旧城区居民日常生活的排污任务，古人的智慧令人赞叹。

几百年前的中国也有着傲视全球的城市建设和排水系统。以南宋都城杭州为例，马可·波罗认为它是“世界最富丽名贵之城”。此城方圆百里，所有道路两旁都铺有砖石，中间铺细沙，下游阴沟排水，道路永远都是干燥的，人们走到哪里，泥土都不会沾到脚上。城中居民举止安逸，尊重妇女，做生意公平诚信，同街居民俨然同为一家。

左宗棠收复新疆。

《马可·波罗游记》“新洲城”一章中，描述了当时长江航运的繁忙景象，“每年溯江而上之船舶，至少有二十万艘，其循江而下者尚未计焉”。船舶的载重量可以达到一万二千石，已经达到了航海的级别。“其运载之船舶、货物、财富，虽合基督教民之一切江流海洋运载之数，尚不逮焉。”

左宗棠不顾自己年老多病，以国家民族利益为重，勇敢地担负起收复边疆的重任。1876年，左宗棠率清军分三路进入新疆。他采取先北后南、缓进速战的正确方针，先收复了乌鲁木齐及周围地区，然后攻占吐鲁番，打开了通向南疆的门户。第二年，除伊犁以外，新疆重新回到祖国的怀抱。

张謇实业救国。

1895年，清政府在甲午战争中失败，被迫签订《马关条约》，张謇对腐败的清王朝更加失望。他深深地感受到要使中国“不贫不弱”，使中国人不再受外国人的欺侮，当务之急，一是要实行政治改革，二是要大力发展实业，以求国富民强。于是，他拒绝回北京重新担任官职，决心在家乡开办工厂。他创办了大生纱厂、资生铁冶厂、通燧火柴厂等企业，是中国近代工商业发展历史上的代表人物之一。

17世纪末的俄国仍然是一个落后国家，为改变这种局面，当时的统治者彼得大帝决定去繁荣昌盛的欧洲学习。他隐藏身份，在荷兰、英国等地考察。他曾走访工厂、学校、博物馆、军火库，甚至还参加了英国议会举行的一届会议。总之，他尽了最大的努力学习西方的文化、科学、工业及行政管理方法。回国之后，彼得大帝根据在西方所学的知识，在国内进行改革，促进了俄国社会的进步与发展。

第一次工业革命期间，英国政府为了鼓励创新和发明，授予水力纺纱机的发明者爵士头衔；奖励给水力织布机的发明者一万英镑。对财富和荣誉的渴求，使几乎所有的英国人都陷入了一种对新技术、新发明的狂热崇拜之中，促进了工业革命的深入发展。一位叫博尔顿的工厂主就是在这种情况下获得成功的。他建造了一家当时最现代化的大工厂。工厂中配备了几十台机器，由一千名工人操作，生产着从发卡到望远镜等大小几十种当时的时髦工业产品。

1868年，日本政治家大久保利通执掌明治政府初期，决定访问欧洲。他在欧美各国考察两年，眼界大开，更加坚定了改造日本的决心。在归国途中的火车上，同去国外游学的久米邦武看到大久保利通紧锁双眉，便与他攀谈。大久保利通心不在焉，突然冒出一句与话题全然无关的话："财务该怎么办？"回国后大久保利通对爱知县知事说："日本欲与世界列强并肩，必须实行富国政策。"1874年五六月间，大久保利通正式向明治政府提出《关于殖产兴业的建议》。明治政府采纳后，日本实行殖产兴业政策，在短短十五年内大大改变了工业落后的面貌，初步实现了资本主义工业化。

在经济斗争中站在弱者一边是我效忠这一王朝的传统。

德意志帝国首任宰相，号称“铁血宰相”的俾斯麦，十分注重底层人民的生活。他说：“在经济斗争中站在弱者一边是我效忠这一王朝的传统。”他创建的国家福利，特别是世界上最早的工人养老金、健康和医疗保险制度，浇筑了德意志的坚实基础，社会矛盾因而得以缓和。到第一次世界大战前，德国成为经济繁荣、社会稳定的典范。

重视军事和教育是日本崛起的两大关键。明治维新时期，为了鼓励学生上学，在有些县，学校给学生发金属的“就学牌”戴在身上，还给学生发校旗和班旗；不少县知事亲自到学校褒奖优等生。也有的县依靠警察督促儿童上学，上午八点和下午三点，如果在街上发现有闲逛的学龄儿童，立刻将他们送回学校。

核心价值观

民主

■ 民主是人类社会的美好诉求。我们追求的民主是人民民主，其实质和核心是人民当家做主。它是社会主义的生命，也是人民创造美好幸福生活的政治保障。

尧年老的时候，在部落联盟会议上提出继承人问题。驩兜推荐共工，尧虽不同意，还是让共工担任工师之职，以考核其才能。共工没有通过考核，大家又推举舜。舜协助尧处理政务二十年，又代尧摄行政事八年，得到各方面的锻炼。尧死后，舜才正式主持部落联盟的事务。舜年老的时候，也召集部落联盟会议，因禹治水有功，被大家推举为继承人。于是，禹代替舜处理部落联盟事务。舜死后，禹正式成为部落联盟的首领。尧、舜的禅让，可以看出虽然原来老的部落联盟首领具有相当大的权力，但是仍要服从部落联盟会议的决定。因此，当时的禅让制实质上是一种民主推选部落联盟首领的制度。

郑国人经常到乡校休闲聚会，议论执政者施政措施的好坏。大夫然明对执政的子产说："把乡校毁了，怎么样？"子产说："为什么要毁掉？人们早晚干完活儿会来这里聚一下，议论施政措施的好坏。他们喜欢的，我们就推行；他们讨厌的，我们就改正。为什么要毁掉它呢？我听说人们尽力做好事以减少怨恨，没听说过依权仗势来防止怨恨。难道快速制止这些议论不容易吗？然而那样做就像堵塞河流一样：河水湍急，决口伤害的人必然很多，我们是挽救不了的；不如开个小口导流，听取这些议论后把它当作治病的良药。"

今天我总算见到民主了。

民国时期，一位年过八旬的盐商肖老先生，从扬州来南京求见大总统。孙中山立即把肖老先生请到办公室。肖老先生一进门就行起三拜九叩之礼。孙中山赶忙把老人扶起来，诚恳地说："总统在职一天，就是国民的公仆，是为全体国民服务的！"肖老先生问："总统离职后呢？"孙中山答道："总统离职，就和老百姓一样。"肖老先生没有想到总统这样平易近人，感慨万千，临走时说："今天我总算见到民主了。"

中国现代著名的历史学家钱穆，一次在课堂上批评疑古学派，说："事有可疑，不专在古，上古也有很多不可疑之处。比如有人姓钱，此钱姓便属古，没有可疑。近来有人却不姓钱，改姓'疑古'，这是什么道理！"这是钱穆在讽刺钱玄同"疑古玄同"的别号。有人提醒钱穆道："钱玄同的儿子正在听你的课！"不久，钱穆和钱玄同在一个宴会上碰面，钱玄同说："我儿子很相信你的话，不听我的！"

三大纪律。

秋收起义后，毛泽东带领部队向井冈山进发。由于有的战士纪律性不强，肚子饿了就去偷吃老乡的红薯，老乡对此很有意见。毛泽东听到群众的抱怨后，立即召集队伍，要求大家一定要和山上的群众搞好关系，还郑重宣布了三大纪律：第一，行动听指挥；第二，不拿老百姓一个红薯；第三，打土豪要归公。这就是中国工农红军“三大纪律”的雏形。尊重人民的利益，体现了人民军队良好的民主作风。

抗日战争时期，中国共产党为了团结一切可以团结的力量，在抗日根据地实行了一种崭新的统一战线政策——“三三制”原则，这为抗战胜利作出了重要贡献。1941年，抗日根据地政权机构在人员分配上实行“三三制”原则，即共产党员大体占三分之一，左派进步分子大体占三分之一，中间分子和其他分子大体占三分之一。“三三制”原则团结了各抗日阶层，争取了中间力量，孤立了顽固势力，巩固和发展了抗日民族统一战线。

其兴也勃焉，其亡也忽焉。

1941年11月6日，毛泽东在陕甘宁边区参议会发表演说："共产党员必须倾听党外人士的意见，给别人以说话的机会。别人说得对的，我们应该欢迎，并要跟别人的长处学习；别人说得不对，也应该让别人说完，然后慢慢加以解释。共产党员决不可自以为是，盛气凌人，以为自己是什么都好，别人是什么都不好。"

1945年，黄炎培在延安同毛泽东谈话时讲道："我生六十多年，耳闻的不说，所亲眼看到的，真所谓'其兴也勃焉，其亡也忽焉'，一人、一家、一团体、一地方乃至一国，不少单位都没有能跳出这周期率的支配。其兴也勃焉，其亡也忽焉。大凡初时，聚精会神，没有一事不用心，没有一人不卖力，但最终政怠宦成的也有，人亡政息的也有，求荣取辱的也有。总之，没有能跳出这个周期率的支配。"毛泽东回答："我们已经找到新路，我们能跳出这周期率。这条新路，就是民主。只有让人民来监督政府，政府才不敢松懈。只有人人起来负责，才不会人亡政息。"

“四不”原则。

毛泽东反对任人唯亲。一进北京他就对秘书说：“我们决不能像蒋介石他们一样搞裙带关系，一个人当了官，沾亲带故的人都可以升官发财。如果那样就会脱离群众，就会像蒋介石一样早晚要垮台。”毛主席交代秘书处理亲友提出的此类问题坚持“四不”原则：不介绍、不推荐、不说话、不写信。

新中国成立后，有人觉得反帝爱国和要求民主的政治纲领已经实现，于是提出解散党派组织的决定。中国人民救国会第一个宣布解散，但当时重庆还没解放，有些会员联系不上，才暂时没有作出解散的实质举措。毛泽东当时正在访问苏联，回国后听到此事，当即表示：“救国会是进步团体，不但不能解散，还要继续发展”，并指示要解决各民主党派的经费、干部学习和失业问题，要求对民主党派干部和共产党的干部一视同仁。1956年，毛泽东提出“两个万岁”的思想，一个是“共产党万岁”，另一个是“民主党派万岁”。这样，民主党派得以保留和发展。

要使人有讲话的机会。

陈云强调领导干部要善于听取不同意见，发扬民主作风，把它看作狠下功夫的着力点。他说："要善于听取不同意见。对于一件事，我有了一个意见之后，可以先放一放，再考虑考虑，听听有没有不同意见。如果有不同意见，就要认真听取，展开讨论，吸收正确的，驳倒错误的，使自己的意见更加完整。能够听到不同声音，绝不是坏事，这和同中央保持一致并不矛盾。"

1956年9月，毛泽东与南斯拉夫代表团会谈。在谈到社会主义制度的不足时，毛泽东指出："人民意志统一对我们有利，使我们在短期内能实现工业化，能对付帝国主义。但这也有缺点，就在于使人不敢讲话。"毛泽东进一步说："我国很少有人公开批评我，我和中央其他同志平均每天都能收到三百封信，其中总有几封信是批评我们的，但这都不署名，或署假名。他们并不怕我整他，而是怕周围的人整他。"为此，毛泽东提出：我们社会主义国家必须想些办法扩大民主，要使人有讲话的机会。

害怕民主，是神经衰弱的表现。

1988年3月25日至4月13日，第七届全国人民代表大会第一次会议在北京举行。一天下午，大会选举国家领导人。在主席台上就座的邓小平投过票后，回到自己的座位，习惯性地点燃了一支香烟。坐在台下大厅中间的一位代表看见了，便对旁边的另一位代表说：“世界无烟日刚过，全世界都大力宣传吸烟危害健康，小平同志为什么烟瘾这么大，开大会还吸烟呢？”二人商量后，决定向邓小平提出意见。不一会儿，主持大会的宋平手里出现了一张小纸条，上面写着：“请小平同志在主席台上不要吸烟。”宋平看过字条后会意地递给邓小平，邓小平看了看，笑着赶紧把正在吸的香烟熄灭了。此后，邓小平在主席台上再也没有吸过烟。

习仲勋认为，一个革命政党，就怕听不到人民的声音，最可怕的是鸦雀无声。害怕民主，是神经衰弱的表现。在这个问题上，一定要相信群众的大多数会珍惜自己的民主权利，有了这个根本立场，民主生活才能活跃起来，才能进一步把广大人民群众的积极性调动起来，为社会主义现代化事业奋斗。

要自由，才能有幸福；要勇敢，才能有自由！

公元前5世纪，古希腊著名政治家伯里克利发表了著名的演讲："我们的制度之所以被称为民主政治，是因为政权在全体公民手中，而不在少数人手中。解决私人争执的时候，每个人在法律面前都是平等的。"他要求雅典公民保卫透明的制度："你们要下定决心：要自由，才能有幸福；要勇敢，才能有自由！"

一天晚上，伯里克利回家，他的仆人提着灯笼在前面走，他的后面则跟着一个醉汉。那醉汉一路上骂骂咧咧，对伯里克利极尽攻击之能事，伯里克利则背着手慢慢走，不回头，不作任何反应。仆人也没有任何反应，看样子，他已经不是第一次碰到这种事了。到家了，伯里克利才悠然地对仆人说："你提着灯，把这家伙送回去。"对于雅典人民来说，独裁是戕害灵魂的，自由民主才是众人所期望的。正如荷马所说："假如奴役的日子降到一个人头上，宙斯便取走了他一半的人性。"这就是雅典的人民，这就是雅典的政治家。

邪恶盛行的唯一条件，是善良者的沉默。

地米斯托克利是古希腊著名的政治家和军事家，在获得了权力和荣誉之后，却利令智昏起来，变得贪财和爱慕虚荣，聚敛了大量资财。这些行为招致了民众的不满，尽管他为雅典作出了卓越的贡献，但是雅典公民仍像对待其他民主政治的敌人一样，采用陶片放逐法，以投票表决的民主形式将他逐出了雅典。

在德国达豪集中营入口处，刻着一位17世纪的诗人的警世名言："当一个政权开始烧书的时候，若不加以阻止，它的下一步就要烧人！当一个政权开始禁言的时候，若不加以阻止，它的下一步就要灭口！"埃德蒙·伯克也说过："邪恶盛行的唯一条件，是善良者的沉默。"

如果人民害怕政府，便是暴政；如果政府害怕人民，就是自由。

孟德斯鸠说："专制国家有一个习惯，那就是下级给上级送礼，而上级对下级没有任何义务，于是上下级合伙对人民没有义务。人人都认为上级对下级没有义务，只有人民对上级有义务。在那里，人的命运与牲畜别无二致，只有本能、服从和惩罚。"

美国第三任总统杰斐逊曾经说，如果人民害怕政府，便是暴政；如果政府害怕人民，就是自由。他是《独立宣言》的主要起草人，也是第一个死于贫困的美国总统。

我们并不知道他担任总统若干年后，会变成什么样的人。

杰斐逊认为，为了更好地维护社会稳定，与其给政府军队，不如给人民知识，让人民了解自己的权利。人民越没有知识越可能变为暴民，而政府越动用军队镇压，民众叛乱就会越多。愚昧和安全不可能并存，如果一个国家既想要愚民又想要安全，那它就是在期待一件从未发生过，也永远不可能发生的事情。

杰斐逊说："我们都知道，华盛顿先生是个品德高尚的人。但是我们并不知道他担任总统若干年后，会变成什么样的人——因为人性有弱点，而且是会变的。我们更无法知道，一百年后的美国人民选出的总统会是什么样的家伙？所以我们今天要立法，限制总统的权力，保障美国人民的基本权利在任何时候都不被侵犯。"

民主政府不是最好的政府，而是最不坏的政府。

1867年，美国总统安德鲁·约翰逊因与陆军部长斯坦顿政见不合而试图解雇他，但国会声称该解雇违反了当时的“职位期满法案”，对约翰逊启动了弹劾程序，使其成为美国历史上第一个遭受弹劾的总统。“君要臣下，臣可以不下，甚至臣还可以要君下”的三权分立制度的民主性充分体现出来。

丘吉尔认为，民主政府不是最好的政府，而是最不坏的政府。如果没有约束，人的情感就不会听从理智和正义的指挥。不只是人，政府也会这样。人如果需要政府约束，那么，政府就需要制度约束。能够有效约束政府的制度无疑是好制度，它是对政府恶的本能的控制。

政府属于人民所有，要是写这种令人生厌的文字，不写也罢。

1933年，德国被独裁政权统治后，爱因斯坦再也没有踏上德国的土地。他庄严声明："只想生活在自由、宽容以及在法律面前公民一律平等的国家。"爱因斯坦说："国家是为人而建立，而人不是为国家而生存。"2005年，德国政府把这个信条刻在德国政府大楼上，以纪念爱因斯坦逝世50周年。

美国加利福尼亚州的一位前州长，一向廉洁自守，不仅不搬进州长官邸，而且废止了政府向来以公款购置公文包的习惯。他还强调公文要亲民化，绝对不可以打官腔，他说："我不写别人看不懂或看不惯的公文，也拒绝签署这样的公文。因为，政府属于人民所有，要是写这种令人生厌的文字，不写也罢。"

核心价值观

文明

■ 文明是社会进步的重要标志，也是社会主义现代化国家的重要特征。它是社会主义现代化国家文化建设的应有状态，是对面向现代化、面向世界、面向未来的，民族的科学的大众的社会主义文化的概括，是实现中华民族伟大复兴的中国梦的重要支撑。

赠土于燕。

春秋五霸之首齐桓公，一次向北攻打山戎时取道经过燕国，燕国国君走出国境去迎接他。齐桓公问大臣管仲："诸侯之间彼此相迎，可以出国境吗？"管仲回答："只有面对周天子时才可以出境相迎。"齐桓公说："这样说来，是燕国国君由于惧怕我而失礼，也是因为我的无道而让燕国国君失礼。"于是，齐桓公把燕国国君所到过的地方割让给燕国。诸侯听说这件事后，都向齐国朝拜。

孙叔敖晚年时，有个地方官吏求见他说："我听说高官做久了，会遭到别人的忌恨；俸禄太丰厚，会遭到百姓的怨恨；地位太尊贵，会遭到君主的厌恶。如今，您当令尹这么长时间，这三样都有了，为什么并没有得罪百姓和君主呢？"孙叔敖说："我当令尹时间越长，心里就越谦虚，做事就越小心谨慎；俸禄再丰厚我也从不多取，不滥收财礼；地位虽然尊贵，但是我按照礼数礼貌待人，从不敢傲慢无礼。正是因为我做到了这三点，才没有得罪百姓和君主啊！"

晏婴不负托付。

晏婴一生崇尚节俭，身为齐国大夫，仍“食不重肉，妾不衣帛”，生活清苦得连国君都看不下去了。于是齐景公趁晏婴出使晋国时，派人将晏婴的房子改建，为此拆毁了许多邻家的房屋。晏婴回来后，坚决不肯住进新宅。他对齐景公说：“为了自己一家住得好，而让这么多邻居搬迁他处，是不道德的，请大王命人将邻居的房屋重新修好，将我的旧宅复原。”

一次，齐景公到晏婴家饮酒，见晏妻老而丑陋，欲把年轻貌美的爱女许配给晏婴为妻。晏婴谢绝道：“如今她是又老又丑了，但我和她生活在一起已经很久了，她也有过年轻貌美的时候啊！况且人本来就要在壮年时想到老年，在年轻貌美时想到苍老丑陋。我的妻子将终身托付给我，大王您虽然有所恩赐，但我怎么能背弃她呢？”齐景公听了这番话，便放弃了原来的打算。

季文子贵德荣。

季文子是春秋时期鲁国的贵族，虽然地位显赫，但生活俭朴。他的婢妾从不穿丝绸做的衣服，他的马只用糟糠作饲料。当时的达官贵族对此很不理解，有个叫仲孙它的人劝他道："您是鲁国执政，但是您的婢妾不穿丝绸做的衣服，厩中的马不吃上等饲料，别人都觉得这样太吝啬了，简直丢鲁国的脸！"季文子却说："我也未尝不想过奢华的生活，但是看到国内的老百姓还有很多人吃穿都很差，食不果腹、衣不蔽体，我怎能让自己的婢妾衣着华丽，自己的马吃上等饲料呢！而且我听说只有德行荣誉才可以使国家有光彩，没听说用炫耀富贵来为国家争光的。"

孔子去太庙参加鲁国国君的祭祖典礼，一进太庙，就向人问这问那，几乎每一件事都问到了。当时有人讥笑他："谁说孔子这位邹县人懂得礼仪？来到太庙，什么事都要问。"孔子听到人们对他的议论，说："我对于不明白的事，每事必问，这恰恰是我要求知礼的表现啊！"

公仪休拔葵。

曾子是孔子的弟子，一次孔子问他："以前的圣贤之王用至高无上的德行、精要奥妙的理论，教导天下之人，人们就能和睦相处，君王和臣下之间也没有不满，你知道它们是什么吗？"曾子听了，明白老师要指点他最深刻的道理，于是立刻从坐着的席子上站起来，走到席子外面，恭恭敬敬地回答道："我不够聪明，哪里能知道，还请老师把这些道理教给我。"曾子听到老师要向他传授道理时，立即站起身来走到席子外，这是古人的尊师之道。

公仪休十分注重维护百姓的利益，规定鲁国所有做官的人，不得经营产业、与民争利。一次，他无意中发现家人在园子里种植了葵菜。他十分生气地把这些葵菜全拔掉了，并开导家人说："农人种菜，是专门卖给我们这些拿俸禄的人吃的，我们拿钱买他们的菜，他们才有钱维持生计。如果我们自己种菜而不去买他们的，他们靠什么生活呢？"公仪休的这些做法，看似有些不近人情，但是这从一个侧面体现了他注重百姓利益的高尚品格。

赵简子爱士。

赵简子是春秋时期晋国赵氏的领袖，原名赵鞅，亦称“赵孟”。赵简子有两匹白骡子，对其极为爱护。一次，他手下的一个小官儿胥渠病了，医生说，只有吃了白骡子的肝，病才能好。赵简子身边的一个家臣听了非常生气地说：“胥渠居然算计起我们主公的骡子来了，让我把他杀了吧！”赵简子说：“把人杀掉而让骡子活着，这不是太不仁义了吗？杀掉畜生救人才是仁义啊！”于是，赵简子命人杀掉白骡子，取出肝交给了胥渠。

战国时期，燕昭王派将军乐毅讨伐齐国。燕兵刚抵达齐国，燕昭王听说盖邑人王歜很有才能，便派人向王歜传话：“齐人都很尊重你的义气，我要封你为将军，并赐予你大片封地。”王歜一再辞谢。燕昭王说：“你如果不从，我就派军队来屠杀盖邑的人。”王歜说：“忠臣不事二主，贞女不嫁二夫。齐王从前不听我的劝告，所以我离开了他。国家危亡，我也不独活。现在我被士兵们劫持做你的将军，这等于帮助桀、纣做坏事。与其无义地活着，倒不如死了的好。”于是，王歜自缢而死。

冯谖买“义”。

战国时期，齐国相国孟尝君派门下食客冯谖去封地薛邑收债。临行时，冯谖问孟尝君：“我收完债，买些什么回来呢？”孟尝君说：“您看我家缺什么就买什么吧。”冯谖来到薛邑，假借孟尝君的名义，免去了百姓的债务，并当众烧毁了所有债券。冯谖回来后，如实向孟尝君报告，并说：“我买了您缺的‘义’。”孟尝君听后很不高兴。后来孟尝君被齐国国君解除了相国之位，回到薛邑住的时候，薛邑的人民都热情地欢迎他。人们扶老携幼，出城百里相迎。孟尝君笑着对冯谖说：“先生给我买的‘义’，我今天看到了！”

汉景帝时，石建已经老了，头发白了，可他的父亲石奋还健在。石建每逢五天一次的休息日，都要回家探望父亲。石建一回家，就悄悄地询问家人，打听父亲的近况，还拿来父亲的内衣，亲自洗得干干净净，再交予家人，还不敢让父亲知道。石建当时是二千石的高官，但他认为这样做是自己应尽的责任。

荀巨伯远看友人疾。

汉明帝刘庄做太子时，博士桓荣是他的老师，后来他继位当了皇帝，“犹尊桓荣以师礼”。汉明帝曾亲自到太常府去，让桓荣坐东面，设置几杖，像当年讲学一样，聆听老师的教诲。桓荣生病，汉明帝除了派人专程慰问，还亲自登门看望。每次探望老师，汉明帝都是一进街口便下车步行前往，以表尊敬。进门后，他总是拉着老师枯瘦的手，默默垂泪，良久才离开。桓荣去世，汉明帝换了丧服，亲自临丧送葬，并对其子女作了妥善安排。

荀巨伯千里迢迢去探望一个生病的朋友，刚好碰上敌寇攻打朋友所在的郡城。朋友劝荀巨伯离开，荀巨伯说：“我远道而来看望您，您却要我离开，败坏道义来换得生存，这岂是我荀巨伯做得出来的事情？”郡城陷落后，敌寇进了城，看到荀巨伯就问他：“我们大军一进城，整个郡城的人都跑光了，你是什么人，竟然还敢一个人留下来？”荀巨伯回答道：“我的朋友身患重病，我不忍心丢下他一个人，如果你们非要杀他，我愿意用我的命来抵换。”敌寇听后大受震动，相互议论说：“我们这些不讲道义的人，却侵入这个有道义的地方。”于是，敌寇撤军而回，整个郡城也因此得以保全。

孔融让梨。

孔融，字文举，东汉曲阜人，孔子之后。孔融七岁时，恰逢祖父六十岁寿辰，宾客盈门。有一盘酥梨放在桌上，母亲让孔融去分。孔融按照长幼顺序分，每个人都得到了属于自己的梨，唯有他的是最小的。父亲感到奇怪，问他："其他人得到的梨都是大的，你的却是最小的，这是为什么呢？"孔融从容地回答道："树有高低，人有老幼，尊老敬长是为人的道理啊。"

曹魏重臣华歆，为人清廉，将禄米及皇帝赏赐都赈济给亲戚和熟人，家中连十斗粮食都没有。朝廷每每将罚没为奴的青年女子赏赐给大臣，华歆从不接受，而是将她们嫁人。曹丕为此叹息不已，说："华司徒是国家难得的长者，其作为暗合天地之道，深得民众之心呀。如今官员们都享受丰盛佳肴，而他却每天吃粗茶淡饭。"故此，曹丕特别将自己的衣服赏赐给华歆，并命人为他的一家老小做衣服。

白水送别。

隋朝时，赵轨任齐州别驾，后来因为政绩出色而被召入朝。他离任的时候，齐州的父老乡亲都来给他送行。有人流泪道：“您做我们的父母官以来，清廉自守，连饮水、借火这样的小事也不曾取之于民。我们不敢破坏您的清誉，因此不敢用酒来为您践行，就请您饮下这杯白水吧。”赵轨接过水碗一饮而尽。

唐太宗的女儿长乐公主将要出嫁，唐太宗对房玄龄等大臣说：“长乐公主是长孙皇后生的，如今她要出嫁了，我想增加她的俸禄。”房玄龄等人表示同意：“就按照永嘉公主俸禄的多少来给长乐公主加吧。”唯有魏徵反对，他说：“过去汉明帝分封皇子时说：‘我的儿子岂能跟先帝的儿子相比！’于是命令只给他们楚王、淮阳王封地的一半，这件事被后人传为美谈。永嘉公主是皇上的妹妹，是长公主。一个‘长’字，就是尊崇礼仪的表现，岂可随意改变？”唐太宗听后，认为他说的在理，便改变了心意。

福当如是爱惜。

唐朝是诗歌发展的黄金时代，当时的统治者十分重视诗歌。相传唐中宗曾经命人在长安昆明池前搭了一座彩楼，定期举行诗歌比赛。皇帝及评委等待在彩楼上面，百官站在楼下。皇帝出题目，官员们每人以相同的题目写诗参赛，写好了诗，就把卷子交上去。评好后，凡是没有被选中得奖的，就把他的作品从彩楼上扔下去，不一会儿，那些卷子就像雪片一样飘落下来。作品被留在上面的，就能得到奖赏。朝野上下的重视促进了诗歌的繁荣，而唐诗正是唐代文明辉煌灿烂的表现之一。

唐肃宗李亨当太子时，有一次伺候父亲唐玄宗用膳。尚食官在盘子里放了一条熟羊腿，唐玄宗看着太子，要他切开。李亨将羊腿切好后，刀刃上沾了一些肉渣、油污。李亨随手拿起一张面饼，将油污揩在上面。唐玄宗瞪着他，脸上露出不悦之色。没想到李亨拿起饼来，一口一口把饼吃了。唐玄宗非常高兴，笑着对李亨说："福当如是爱惜。"

程门立雪。

......

宋代学者杨时、游酢原以程颢为师。程颢去世后，他们都已经四十岁，而且已考上进士，但他们继续向程颐请教学习。相传，一日杨时、游酢来到书院拜见程颐，正遇上老先生闭目养神，坐着假寐。这时，外面开始下雪，杨时、游酢求学心切，侍立一旁，不言不动等了半天，程颐才慢慢睁开眼睛，见二人在外站立，吃了一惊："啊，两位还没走？"这时，外面的雪已经有一尺多厚了。

明朝刘玺出身于功臣之家，以廉洁著称。刘玺每日佐食青菜，因此得到一个雅号——"青菜刘"。此外，他还严格要求家人的穿戴，一些亲朋好友甚至他的上司，都幽默地戏称他为"穷鬼"。关于他节俭廉洁的名声，皇帝也有所耳闻。嘉靖帝在批阅建议擢升他为漕运总兵官的奏章时，说："这个刘玺就是官场中被打趣的'穷鬼'吧？可以，可以！"

你不是我的茶壶，你是我的牙刷；茶壶可以公用，牙刷不能公用。

民国时期的《公民训练小册》中关于“模范公民”的要求值得我们学习：1.留心研究新事物；2.没有得到允许，不动别人的东西；3.不轻易向别人借东西；4.不向别人借钱；5.遇到危险，敏捷避免；6.别人有危险，要立刻救护；7.别人求教，要恳切解答；8.说话要轻而和气；9.对人和颜悦色；10.自己不愿做的事，不叫别人去做。

清末民初著名翻译家辜鸿铭主张纳妾，其说云：“男人是茶壶，女人是茶杯，只见一个茶壶倒多个杯里，未见多个茶壶往一个杯里倒水。”一时天下哗然。徐志摩欲娶陆小曼，陆小曼语之曰：“你不是我的茶壶，你是我的牙刷；茶壶可以公用，牙刷不能公用。”

模范城市南通。

1920年5月12日，张謇为推广南通地方自治的经验，在南通发起成立苏社。《密勒氏评论报》的主编鲍威尔与上海美国商会的代表在进行了较为全面的实地考察之后，对南通的建设成就进行了归纳，认为促成南通形成模范城市的部分原因有：

1.大约50英里的现代公路。如果愿意的话，公交车以每小时50英里的速度行驶；

2.一所棉业试验站；

3. 334所学校，接纳20000余名学生；

4.一所只上演高品位戏剧的新式剧院，演出许多“现代”形式的剧目；

5.一所拥有126名学生的现代农业学校，有实验田进行研究；

6.两家现代纺织厂，拥有60000个纺锤、500架织布机和4000名雇佣工人；

7.一家现代棉籽油厂，供应地方需要，富余的远销海外；

8.五家现代银行与八家钱庄；

9.一家火柴厂、一家面粉厂、一家缫丝厂、一家铸铁厂、一家电灯厂以及一条通往上海及其他地区的航线；

10.每年产出约100万包棉，其质量属中国之冠；

11.将来的计划还包括数百英里的优良公路，七家新纺织厂、一家新的发电厂、一座煤矿以供应地方工业需要，对成千上万亩滩涂的开发。

让鲍威尔一行感慨万千的不仅仅是南通在经济上的发展，他们敏感地体会到了南通各项社会事业的协调进步，鲍威尔在1920年5月22日的《密勒氏评论报》的一篇文章里，着重谈到了南通的教育：

在这一地区大约有334所各类学校，逾20000名常规学生。可以说，这是一个每个孩子都有机会获得教育的地区，拥有医学学校、师范学校、农业学校、商业学校以及众多的基础与中等教育机构。

俯身而下。

在德国的公共场所，凡是有门的地方，总会有这样的现象——走在前面的人，进去后总要回头看看后面有没有人进门。如果有，他就扶着门让后面的人进去，后面的人进去后，也总会向扶门的人说声谢谢。令人感动的是，所有的人都这样做。德国的公共场所都有电梯或扶手梯，无论人多人少，都没有并排站在扶手梯上的。

诺贝尔和平奖获得者特蕾莎修女出身于富裕家庭，曾任修道院院长，但她赤脚走进印度社会的底层，一生都在奋力拯救那些在贫穷和苦难中挣扎的平民。贵族精神中的社会责任的主要元素其实就是平民意识，“俯身而下”，同情和关怀弱势群体。

核心价值观

和谐

■ 和谐是中国传统文化的基本理念，集中体现了学有所教、劳有所得、病有所医、老有所养、住有所居的生动局面。它是社会主义现代化国家在社会建设领域的价值诉求，是社会有序稳定、持续健康发展的重要保证。广义的和谐，除了人与人之间的和谐，还包括人与自然的和谐乃至个体自我身心的和谐。

郤缺被荐。

春秋时期，晋国大夫郤芮因罪被杀，他的儿子郤缺被废为平民，以务农为生。郤缺一面勤恳耕作，一面以古代圣贤为师刻苦修身。一次，郤缺在田间除草，午饭时间妻子将饭菜送到地头，十分恭敬地将饭菜递给他享用，郤缺连忙接住，并表达谢意。此情此景，感动了路过此地的晋国大夫胥臣。一番攀谈，胥臣认为郤缺是治国之才，极力举荐他为下军大夫。后来郤缺立大功，升为卿大夫。

颜渊、子路陪侍在孔子身边，孔子问他们："何不各自说说你们的志向呢？"子路说："我愿意把车马、衣服、皮袍等都和朋友一起分享，就算用坏了也无怨无悔。"颜渊说："我希望不夸耀自己的长处，不把劳苦施加在别人身上。"子路对孔子说："我想听听您的志向。"孔子说："我的志向是让老年人得到安适，使朋友们得到信任，使年轻人得到关怀。"

和如羹焉。

“五味调和”原则是中国传统烹调术的根本要求，也是古代美食审鉴的最高境界。《左传·昭公二十年》中有云：“和如羹焉。水、火、醯、醢、盐、梅，以烹鱼肉，燀之以薪，宰夫和之，齐之以味，济其不及，以泄其过。君子食之，以平其心。君臣亦然。”这段话的意思是说，“和”就像做肉羹，用水、火、醋、酱、盐、梅来烹调鱼和肉，用柴火烧煮，厨工调配味道，使各种味道恰到好处，味道不够就增加调料，味道太重就减少调料。君子食用这种肉羹，以平和心性。国君和臣下的关系也是这样。

春秋时期，楚国著名琴师俞伯牙少时弹琴，很难捕捉到乐曲的神韵。一日，老师对俞伯牙说：“我带你去寻一位仙师点化你。”师徒二人来到东海蓬莱山，老师便让他独自去找仙师。俞伯牙沿着一条山路寻去，绕过一个山头之后，不想却有一幅奇景出现在眼前：云中飞瀑，水花四溅如珍珠，激音回荡如仙乐。俞伯牙灵感涌起，便席地而坐，抚琴而成妙曲。突然，他的身后传来老师的声音：“不错！仙师被你找到了。”俞伯牙恍然大悟，原来老师所说的仙师就是大自然，将大自然的声音与自己的情感融为一体，便成妙曲。

恶乎知君子人小哉？

庄周梦见自己变成一只蝴蝶，飘飘然，十分轻松惬意，全然忘记了自己是庄周。一会儿醒来，庄周对自己还是庄周感到惊奇和疑惑。认真想一想，不知是庄周做梦变成蝴蝶呢，还是蝴蝶做梦变成了庄周？在庄周看来，自己和蝴蝶一定有区别，只是在那个时刻把自己当成了蝴蝶，与物无分，这就是一种“物化”的境界，是一种把自我融合于自然的精神状态。

《庄子·外篇·马蹄》中描绘了一个至德之世：“山无蹊隧，泽无舟梁；万物群生，连属其乡；禽兽成群，草木遂长。……同与禽兽居，族与万物并，恶乎知君子小人哉？”山上没有人为的路径，河上没有船只和桥梁；万物和谐相处，不分彼此；禽兽成群，草木茂盛。……与禽兽在一起生活，与万物共存，哪里知道君子与小人的区别呢？

宋就灌瓜。

梁国有位大夫叫宋就，曾任边地县令，辖区与楚国毗邻。梁国和楚国都种瓜。梁人天天浇灌，种出的瓜又大又甜。楚人却不浇灌，种出的瓜很不像样，他们还在夜间偷偷去祸害梁人的瓜。梁人发现后，都摩拳擦掌要报复。宋就说："别人做坏事，你们也跟着做坏事，这样做不好！我教你们个办法，趁夜晚去给楚人的瓜地浇水，不要让他们知道了。"梁人依言而行，楚人的瓜长得一天比一天好。楚王得知实情后深受感动，谢以重币，以后两地人的交情一下子就好了。

战国时期，赵国大臣蔺相如因为完璧归赵有功而被赵王封为上卿，位在大将军廉颇之上。廉颇很不服气，扬言要当面羞辱蔺相如。蔺相如得知后，称病不上朝，避免与廉颇发生冲突。外人都以为蔺相如怕廉颇。蔺相如说："秦国不敢侵略我们赵国，是因为有我和廉将军。我对廉将军容忍、退让，是把国家的危难放在前面，把个人的私仇放在后面啊！"蔺相如的这番话，后来传到了廉颇的耳朵里，廉颇惭愧极了。他脱掉衣服，背着荆条，向蔺相如请罪。蔺相如不计前嫌，原谅了他。从此他们成了要好的朋友，同心协力为国家效劳，秦国因此更不敢欺侮赵国。

陈平阻兄休嫂。

秦昭王时期，蜀郡守李冰带领当地百姓巧妙利用地理优势，修建都江堰。这是已知中国最古老的水利工程，也是人类与大自然和谐共处的例证之一。都江堰是“天府”富庶之源，至今仍发挥着无可替代的巨大作用。

西汉名相陈平少时家贫，与哥哥相依为命。为秉承父命，光耀门庭，陈平不事生产，闭门读书，却不为大嫂所容。为了消弭兄嫂之间的矛盾，面对嫂子的一再羞辱，陈平隐忍不发。但大嫂变本加厉，他终于忍无可忍，离家出走，欲浪迹天涯。陈平被哥哥追回后，不计前嫌，阻兄休嫂，在当地传为美谈。后有一位老者，慕名前来，免费收陈平为徒。陈平学成后，辅佐刘邦，成就了一番霸业。

昭君出塞。

西汉时，匈奴呼韩邪单于被其兄郅支单于打败，归附西汉，南迁至长城外的光禄塞下，约定“汉与匈奴为一家，毋得相诈相攻”。呼韩邪单于三次进长安入朝，向汉元帝请求和亲。王昭君听说后主动要求出塞。她到匈奴后，慢慢习惯了匈奴的生活，和匈奴人相处得很好。王昭君一方面劝单于不要打仗，一方面把中原的优秀文化传给匈奴，使匈奴和汉朝和睦相处了六十多年。

西汉末期，战乱四起，外戚王莽建立新朝。当时，出身于名儒之家的伏湛担任平原郡太守。他经常对妻子说：“如今大家都吃不饱饭，我们怎么好意思填饱肚子呢？”于是，他们吃最简单的饭菜，用省下的俸禄买粮食分给乡亲们。伏湛手下的一个官员看了，十分敬佩伏湛，想招募士兵为他打天下。伏湛却厌恶他招摇惑众，无事生非，于是将他关押在狱中，并告诫百姓不要学他。平原郡因此在战乱中一直保持安宁。

举案齐眉。

东汉人梁鸿，曾在上林苑以养猪为生。一次，他的屋子着了火，并殃及邻居。梁鸿愿意用自己的猪赔偿，邻居却认为仅仅赔猪还不够。梁鸿就对他说：“我没有任何其他财产了，就给你做工作为补偿吧。”就这样，梁鸿每天早出晚归，辛勤地为邻居干活儿。后来，邻居被梁鸿的诚意打动，后悔自己做得太过分，就把猪还给了他。梁鸿没有接受，回到了自己的家乡。

梁鸿和妻子孟光结婚后，隐居在霸陵的深山里。后来，夫妻二人迁居吴地，共同劳动，互助互爱。据说，梁鸿每天劳动完毕，回到家里，孟光总是把饭菜准备好，举案齐眉，恭恭敬敬地送到梁鸿面前，梁鸿高高兴兴地接过来，两人的日子过得和和美美。

罗威饲犊。

司马徽是东汉末年的一位学者。一次，邻居走失了一头猪，非说司马徽家的猪是他家的。司马徽并不争辩，说："是你的你就拿去。"邻居便毫不客气地把猪赶回了自己家。过了几天，邻居从别处找到了自己的猪，很抱歉地把司马徽家的猪送了回来。司马徽不但没责备他，反而说邻里间发生这类误会并不奇怪，还赞扬他懂道理、知错能改，邻居听了十分感动。

汉代有个叫罗威的人。邻居家的牛多次吃他家的庄稼，他和邻居交涉，邻居却不予理睬。罗威并没有火冒三丈，而是每天天不亮就起床去打青草，然后悄悄地堆放在邻居家的牛圈前。牛闻到鲜嫩的青草味儿，就大嚼大咽起来，吃饱了，也就不再去吃罗威的庄稼。邻居每天起来，总看到牛圈前有一堆青草，开始感到很纳闷，后来半夜起来亲眼看到是罗威所为，愧疚万分，从此对自家的牛严加看管。

王览友悌。

三国时期的蒋琬，在诸葛亮去世之后主持蜀国朝政。他有个下属叫杨戏，性格孤僻，讷于言语。蒋琬与他说话，他有时候也不怎么搭理。有人看不惯，在蒋琬面前说：“杨戏对您如此怠慢，太不像话了！”蒋琬坦然一笑：“人总有各自的脾气秉性。让杨戏当面说赞扬我的话，那不是他的本性；让他当着众人的面说我的不是，他会觉得让我没有面子。所以，他只好默不作声了，其实这正是他的可贵之处。”后来有人称赞蒋琬“宰相肚里能撑船”。

王览，字玄通，有一个同父异母的兄长王祥。王览的母亲朱氏，对王祥很不好。在王览很小的时候，每当朱氏鞭打王祥，王览就哭着抱住王祥。长大之后，王览经常劝诫母亲，但朱氏却照常虐待王祥。于是，朱氏使唤王祥干什么，王览便与王祥一起去干什么。朱氏虐待王祥的妻子，王览的妻子也赶紧跟去，甘愿与王祥妻子一起受虐待。朱氏想用毒酒害死王祥，王览便把毒酒端着，不给王祥，致使与母亲争夺时把毒酒打翻。此后，每次吃饭，王览都要先尝一下母亲给王祥的饭菜。朱氏害怕王览被毒死，就不再这样做了。

世外桃源。

陶渊明在《桃花源记》里记载：武陵地方的一个渔夫，沿着一条小溪航行，忽然看到山中有一个缺口，就丢下船从这缺口里走进去，发现了另外一个世界。在这个世界里，人民生活古朴而富裕，男女老少怡然自乐。他们看到渔人大吃一惊，纷纷请他回家吃饭饮酒。他们自称祖先为了躲避秦时的战乱，进入桃花源生活，以追求一个平静和谐的社会。渔人在这桃花源里住了好几天后向村民告别。等他出了桃花源，以后再去寻找，就找不到了。后人用“世外桃源”来形容生活安乐、没有遭受祸乱的理想世界。

松赞干布十分仰慕唐朝的先进生产技术和文化，听说唐朝的公主们贞淑美丽，于是派求婚使团前往长安请婚，唐太宗许嫁宗室女文成公主。不料，大食、天竺等国的使团也来求娶文成公主。唐太宗为了公平合理，便决定让婚使们比赛，谁赢了，谁就可以把公主迎回去。经过种种比试，松赞干布的婚使以超人的智慧获胜。汉藏联姻促进了民族团结与和谐，此后二百年间，双方一直和平相处，使臣和商人频繁往来。

宁要朋友，不要状元。

唐宣宗时的宰相白敏中，年轻时与好友贺拔惎同到长安参加科举考试。两人文才都很好，但主考官王起私下想取白敏中为状元，不喜欢虽有文才但狂放不羁的贺拔惎。于是王起派人暗中捎话给白敏中，只要他不和贺拔惎来往就取他为状元。白敏中听后说："状元有什么稀罕，怎么也不能不要朋友呀！"说完，就摆起酒宴与贺拔惎开怀畅饮。后来，王起被白敏中重友情不重功名的品德感动，一同取了白敏中和贺拔惎为状元。

有一年，吴越忠懿王钱俶上京面圣，宋太祖赵匡胤事先承诺见面后就放他回去。钱俶到了京城之后，心里依旧没底。宋太祖非常热情地款待他，欢聚几日，如约让钱俶回去了。临行前宋太祖还送给钱俶一个黄色包裹，并交代他不必着急，回去再看。钱俶在回去的路上，被包裹弄得心神不安，一直在猜测包裹里到底是什么东西。他回去打开一看，吓得浑身直冒冷汗，双手颤抖不已，原来包裹中都是宋朝大臣们强烈要求宋太祖扣押他的奏章。

寇准数短。

北宋名相王旦曾力荐寇准，而寇准却经常在宋真宗面前数落王旦的短处。一日，宋真宗向王旦揭了寇准的老底："你经常称道他，他却不断地数落你。"王旦听后坦然地说："理当如此。臣在相位日久，政事缺失必多，寇准能对陛下无所隐瞒，更显出他为人忠直，这正是臣器重和举荐他的原因。"当寇准任枢密院直学士时，曾经有文件不合格式，堂吏发现后很高兴地呈给王旦，认为这下逮到机会了，可是王旦却命他送回枢密院更正。寇准知道后深感惭愧。

陈希亮是北宋有名的清官。由于父母早亡，他早年依靠哥哥生活，但哥哥性情偏狭，侵吞了全部家产。十六岁时，陈希亮决定外出寻师，专攻学问。不久，捷报传来，陈希亮考取进士。这时，他的哥哥年事已高，身体很差，两个侄儿尚未成人。陈希亮不计前嫌，服侍兄长，教养侄儿。后来，两个侄儿也高中进士。乡亲们感念他的为人，亲切地称他的家门为"三俊"。

杨翥卖驴。

1405年，明成祖派郑和带领一支船队出使西洋。他们从今江苏太仓出发，经过福建沿海，浩浩荡荡地扬帆南下。郑和每到一个国家，就把明成祖的信递交给该国的国王，并把带去的礼物送给他们，希望同他们建立友好关系。三年后，郑和带着西洋各国的使者回到了中国。郑和下西洋，让沿途各国人民更多地了解了中国，促进了彼此之间的和睦相处。

明朝官员杨翥喜欢骑驴代步去上朝。他对驴子十分偏爱，每天下朝回家，常常不顾家人的劝阻，亲自给驴子擦洗梳理，喂上等的饲料。杨翥的邻居是一位老头，快六十岁了，老来得子，十分疼爱这个儿子。可是，这孩子一听到杨翥的驴子叫就哭个不停，搞得全家人都不得安宁。眼看那孩子一天天消瘦下去，父母伤透了脑筋，就把这件事告诉了杨翥。杨翥二话没说，忍痛把自己心爱的驴子卖了，从此外出或上朝只好步行。

“汤菩萨”。

汤用彤为人温润，一团和气。钱穆与傅斯年有隙，却都与汤用彤交好；熊十力和吕澂在佛学方面每每相左，却均与汤用彤相得；汤用彤虽参与学衡派，却与胡适不伤和气。汤用彤因此得了个“汤菩萨”的绰号，钱穆说他是“一纯儒之典型”。

傅斯年夫人俞大彩回忆说：“如果比学问，我真不敢在他面前抬头，所以我愿意放弃自己一切的嗜好和享受，追随他、陪伴他、帮助他。结婚之后，他没有阻止我任何社交活动，我却完全自动放弃了，十几年来我们的经济状况一直非常艰苦，但我们仍然过得很美好、很快乐。”

九擒项谦。

1949年，习仲勋任中共中央西北局书记时，原国民党西北军政长官马步芳残部联合匪首项谦发动叛乱。西北局在习仲勋的指示下，九擒项谦，于1952年5月1日进军西藏昂拉地区。两个月后，项谦归顺投诚。项谦在后来参加西北军政委员会议时，特地向习仲勋献哈达，表示："习书记救了我一命，也拯救了成千上万的藏族同胞，不然的话，将会有多少人头落地！"这件事极大地促进了民族团结与和谐。毛泽东曾因此称赞习仲勋"比诸葛亮还厉害"。

一位老奶奶在金婚纪念日那天，向来宾道出了她保持婚姻幸福的秘诀。她说："从结婚那天起，我就准备列出丈夫的十条缺点，并决定，只要他犯的错误是十条中的一条，我都愿意原谅他。"有人问："那十条到底是什么呢？"她回答："其实，我到现在都没有把这十条缺点具体地列出来。每当我丈夫做错了事，把我气得直跳脚的时候，我就提醒自己：算他好运吧，他犯的错是我可以原谅的那十条错误中的一条。"

一休参禅。

一休和尚独坐参禅，默然不语。师父看出其中玄机，便领他走出寺门。寺外，一片大好的春光，师徒打坐于半山坡上。下午，师父起身，没说一句话，把一休领回寺内。刚入寺门，师父突然跨前一步，关上木门，把一休关在寺外。一休不明白师父的旨意，独坐门外，思悟师父的意思。天色很快就暗了下来，雾气笼罩了四周的山冈、树林、小溪，连鸟语、水声也不再明晰。这时，师父在寺内大声叫一休的名字。一休推开寺门，走了进去。师父问："外面怎么样？""全黑了。""还有什么吗？""什么也没有了。""不。"师父说，"外面，清风、绿野、花草，一切都在。"其实，"山林之想、云水之乐"的美妙体验并不在山林云水本身，而在人的心态。心态自由平和，当下即云水，庙堂即山林。

蛇与庄稼。

几十年前，广东沿海发生了一次海啸，许多田地和村庄被海水淹没了。这场洪水过后，那儿的庄稼总得不到好收成。后来，老农们想出了一个办法，他们去外地买了一批蛇回来，把蛇放到田里，那一年庄稼就获得了丰收。大家不明白这是什么道理。一位老农把秘密说破了，原来那场洪水把深藏在洞里的蛇都给淹死了，田鼠却游到树上和山坡上，保住了性命。后来洪水退了，田鼠又回到田里，没有蛇来捕捉它们，它们繁殖得特别快，庄稼都让田鼠给糟蹋了。现在田里又有了蛇，大量的田鼠让蛇给吃掉了，因而庄稼又得到了好收成。人们要善于利用自然规律，顺势而为，才会取得预期的成效。

核心价值观

自由

■ 自由是指人的意志、存在和发展的自由，是人类社会的美好向往，也是马克思主义追求的社会价值目标。在当代中国，自由的根本要求是保证人民群众依法享有各种权利，在不违背法律法规和公序良俗的情况下拥有人格独立和选择自由。

庄子一生不求名利，向往无拘无束的自由生活。一天，庄子在濮水边上钓鱼，正好楚威王派来两位大臣，要请庄子做官。庄子一点也不动心，仍旧握着钓竿，反问那两位大臣："我听说贵国有只神龟，已经死了三千年了，楚王一直将它供奉在庙堂上；你想那只神龟，是愿意死了被供奉起来，还是宁愿活着在地上到处爬？"两位大臣都说："宁愿活着在地上爬。"庄子说："是啦！你们请回吧！我也宁愿在地上自由自在地爬。"

颜斶是战国时期齐国的高士。一次，齐宣王召见颜斶，颜斶直言明谏，齐宣王大受启发，想拜他为师，于是对他说："今后您就住在我这里，我保证您饮食有肉吃，出门有车乘，您夫人和子女个个衣着华丽。"颜斶却辞谢说："玉生在山中，一经雕琢本色就被破坏了，不是说经过雕琢就不宝贵了，而是那璞玉不再拥有本真的完美了。士人生在偏僻乡野，一经推举选拔就享有禄位了，不是说享有禄位就不尊贵显达了，而是他的身体和精神不再完整独立了。所以我情愿大王让我回去，每天晚点吃饭，也像吃肉那样香；安稳而慢慢地走路，足以当作乘车；平安度日，并不比权贵差；清静无为，纯正自守，乐在其中。"颜斶说罢，向齐宣王拜了两拜，告辞而去。

愿弃人间事，欲从赤松子游耳。

汉初三杰之一的张良，在辅佐刘邦打下天下后，急流勇退，不贪慕高官厚禄，向刘邦提出："愿弃人间事，欲从赤松子游耳。"赤松子是传说中的仙人，张良从此飘然隐居。

西汉初年，富商卓王孙之女卓文君，十七而寡。才貌双全的她带着婆家"终身守节"的嘱命回到娘家。在一次宴会中，她深深为司马相如的才华所倾倒，但碍于封建礼教，一直压抑着心中对爱情和自由的渴望。司马相如一曲《凤求凰》使她下定决心冲破世俗礼教追求爱情，可是遭到了父亲的强烈阻挠。卓文君凭着自己对自由幸福的执着追求和非凡勇气，毅然在漆黑之夜，逃出卓府，与深爱的人私奔。因为生活艰难，他们一度当垆卖酒为生，但她依然坚持。她敢于挑战封建礼教追求婚姻自由的爱情故事流传至今。

松柏之志还在。

宗世林是东汉末年南阳人，鄙视曹操的为人，拒绝和他来往。后来，曹操总揽朝政，傲慢地对宗世林说："现在我们可以来往了吗？"宗世林回答："我的松柏之志还在。"这让曹操很不痛快。宗世林因不顺从曹操而被疏远，一直得不到升迁。但曹丕兄弟每次登门拜访，都行晚辈礼，在宗世林的塌下跪拜。

阮籍是"竹林七贤"之一。一次，阮籍的嫂嫂回娘家，他去送行，别人笑话他不懂礼法。因为按礼法，叔嫂是不能同行的，阮籍却答道："礼法岂为我辈所设耶？"阮籍追求个性自由，以人格独立的真性情对抗司马氏所谓"以名教治天下"的虚伪。阮籍的母亲过世时，众人都来凭吊，他却旁若无人地喝酒吃肉，据说蒸的一只小肥猪都被他吃完了。但他向母亲遗体诀别时，只是大叫一声，便吐血数升，身体损伤衰弱了好久。

莼鲈之思。

西晋名士张翰为人放任而不拘礼节。有人问他："你这一辈子可以尽情地追求舒适享乐，可是你难道就不考虑百年后的名声吗？"他回答说："使我有身后名，不如即时一杯酒！"

西晋名士张翰对同为名士的友人顾荣说："天下纷乱不已，有名气的人想隐居很难。我本是山林间的人，早就没有扬名于世的愿望了。你还是以自己的聪明才智，多防前顾后吧！"顾荣握着他的手，悲凉地说："我也想与你一起去采南山的蕨菜，去喝三江的清水。"一天，秋风吹来，张翰突然想起了家乡吴县的莼菜羹、鲈鱼脍，便说："人生可贵的就是顺从自己的意愿，怎么能被官职束缚于千里之外，去追求名声爵位呢！"说罢，他就辞官回家了。

不为五斗米折腰。

东晋文学家陶渊明任县令时，有个大官要来，别人劝他穿戴整齐，迎接那个官员。他长叹一声，道："我不能为五斗米折腰，卑躬屈膝地侍奉官场上的小人！"说罢，索性取出官印，把它封好，并且马上写了一封辞职信，随即离开只当了八十多天县令的彭泽，隐居起来。

李白个性十分狂放。一次，他在宫中受到唐玄宗接见，唐玄宗被他的神采震慑，大为赞许，允许他脱下靴子，不必那么拘束。于是李白将脚伸给最受宠的宦官高力士，说："帮我脱掉靴子！"高力士一时手足失措，迫不得已帮他脱掉靴子。"安能摧眉折腰事权贵，使我不得开心颜！"李白最向往的，还是以前云游天下的自由生活。公元745年，李白向唐玄宗上书请求离京，又开始了漫游山水间的自由生活。

赏心乐事。

李元昊是西夏开国皇帝，他的祖上在唐朝时受赐李姓。李元昊“性雄毅，多大略，能创制物始”，平时还喜欢穿奇装异服。李元昊为皇太子时，曾多次劝其父李德明不要向宋朝称臣。李德明却说：“咱们经常打仗国力会亏空，宋朝能够容我们独立发展，就可以了。”李元昊愤愤地说：“蕃人就应该按自己的风俗习惯自由自在地生活，英雄在世，当图王霸大业！”

苏东坡认为人生有十六件赏心乐事：清溪浅水行舟；微雨竹窗夜话；暑至临溪濯足；雨后登楼看山；柳荫堤畔闲行；花坞樽前微笑；隔江山寺闻钟；月下东邻吹箫；晨兴半炷茗香；午倦一方藤枕；开瓮勿逢陶谢；接客不着衣冠；乞得名花盛开；飞来家禽自语；客至汲泉烹茶；抚琴听者知音。

景章绝交。

晚清记者沈荩，“学识优良，性机警，广交游”。1903年7月，他辗转获得见不得光的《中俄密约》草稿，当即将草稿原文寄给一家报社。该报原文刊登后，密约内容暴露在光天化日之下。慈禧震怒，命人立即逮捕沈荩。当时正逢慈禧万寿庆典，不宜公开杀人，于是竟将沈荩活活杖毙在公堂之上。沈荩是中国近代历史上第一位为言论自由而死的新闻记者。

1911年，民主革命家章太炎与国民党分裂后，接受袁世凯所派筹边使一职。一次，章太炎到北京，前往《国风日报》社探访辛亥革命元老景梅九。景梅九不齿于其亲袁行径，见到章太炎后只点头哼了一声，连一句话也不说，只顾埋头写社论。坐在一边的景夫人见此情景开口说道：“章先生啊！你做你的大官好了，我们也不想沾你的光。”此后，景梅九与章太炎绝交，可见其对自身独立人格的追求与重视。

向警予是我国最早的女共产党员之一。她在家乡任校长时，被湘西镇守副使第五区司令周则范看中，但向警予却毅然拒绝，表示“以身许国，终身不嫁”。1919年，她和马克思主义者蔡和森同船赴法国勤工俭学。在漫长旅途中，两人一同讨论学术和政治问题，由道合而志同，萌发情愫。1920年，两人在法国正式结合，以实际行动表达了对自由婚姻的推崇。蔡和森当时在法国的豆腐公司打工，向警予的继母得知此事，气愤地说：“现成的将军夫人不做，却去找个磨豆腐的！”

1937年3月，孔祥熙被指派为中国特使，准备前往伦敦参加英王乔治六世的加冕典礼。为了博得英国皇室的青睐，孔祥熙请擅长谱牒学的潘光旦证明自己是孔子之后，潘光旦毫不客气地回绝道：“对不起，山西没有一家是孔子之后！”

独立之精神，自由之思想。

王国维去世后，陈寅恪撰《清华大学王观堂先生纪念碑铭》云："士之读书治学，盖将以脱心志于俗谛之桎梏，真理因得以发扬。思想而不自由，毋宁死耳。斯古今仁圣所同殉之精义，夫岂庸鄙之敢望。……惟此独立之精神，自由之思想，历千万祀，与天壤而同久，共三光而永光。"

习仲勋任中共中央西北局书记后，由于西北地区幅员辽阔，民族众多，为了妥善解决宗教问题，他提出，"谨慎稳进"地推动宗教问题的解决，"决不能用强制的、命令的办法来强行让人家不信仰宗教"。宗教信仰自由，促进了西北地区的稳定发展，各项工业生产恢复，并超过解放战争前的水平。

无冕之王。

沈从文出国访问，专门研究西南联大的某位汉学家问他："为什么当时条件那么苦，环境那么差，联大八年出的人才，却超过了战前北大、清华、南开三十年出的人才总和？"沈从文回答两个字："自由。"

王芸生是新记《大公报》的总编辑。作为一个正直的爱国知识分子，他的一生与追求新闻自由密不可分。当《新民报》被查禁时，他要求将袁世凯当权时期的出版法予以废止。在1948年记者节到来之际，他说："今天是记者节，谁说记者是'无冕之王'？我们今天就给他加冕！"读者们一呼百应，把手上的报纸折叠成王冠模样，给在场记者每人戴上一顶，大家在王冠上并排写下"真""正"二字。王芸生说："这两个字，用意很好，给记者戴上，表明他是真正的记者，不是掺假的记者或打了折扣的记者，更代表了真理与正义。"

当抬起第一只脚之后，另一只脚就被钉在地上了。

在古希腊神话中，普罗米修斯出于对人类的同情，把天火偷来送给人类，并把科学、艺术和医药等知识传授给人类，人类从此具有战胜危难的力量。他也因此惹怒了众神之王宙斯。宙斯用铁镣将他锁起来，钉在高加索山的悬崖上，让神鹰每天啄食他的肝脏。普罗米修斯坚强不屈，对奉命来逼降他的神使赫耳墨斯说："我决不会用自己的痛苦，去换取你奴隶般的命运；我宁肯被缚在崖石上，也不愿做宙斯的忠顺奴仆。"马克思盛赞普罗米修斯为了人类自由而献身的精神，称他为"哲学的日历中最高尚的圣者和殉道者"。

穆罕默德有一个名叫哈利的门徒。一次，哈利向穆罕默德请教，一个人是否能够自由地做自己想做的事情。穆罕默德听了，对哈利说："先抬一只脚。"哈利抬起他的左脚，用一只脚站在那里。接下来穆罕默德又说："现在把右脚也抬起来。"哈利很伤脑筋地问怎么可能。穆罕默德接着说："如果一开始你的目标明确的话，你就能够抬起右脚，但是现在不行了。一个人总是能够自由地抬起他的第一只脚，但是当抬起第一只脚之后，另一只脚就被钉在地上了。"

不自由，毋宁死。

苏格兰独立战争领袖威廉·华莱士领导苏格兰人民起义，浴血奋战，誓把英格兰人赶出自己的国土。最终，他们赢得了自由。苏格兰民间至今仍流传着一首华莱士最喜欢的诗："告诉你，我的孩子，在你一生中，有许多事值得争取。但，自由无疑是最重要的。永远不要戴着脚镣，过奴隶的生活。"

帕特里克·亨利是苏格兰裔美国人，独立战争时期的自由主义者，美国革命时期杰出的政治家、演说家，被称为"美国革命之舌"。18世纪中叶，北美要求独立的呼声越来越高。18世纪60年代，亨利就在弗吉尼亚州议会上提出了一系列决议，坚决反对英国向殖民地人民征收印花税。他主张不惜以自己的生命和鲜血来换取独立，摆脱对英国的依附关系。他是《独立宣言》的主要执笔者之一，被誉为"弗吉尼亚之父"。他在反英斗争中发表过许多著名演说，被普遍传诵的警句"不自由，毋宁死"就出自他的演说。

若为自由故，两者皆可抛。

18世纪时，德国皇帝威廉一世曾在波茨坦建立了一座行宫，但他的视线却被一座磨坊挡住了。他派人与磨坊主协商，打算买下这座磨坊后拆除。不想，磨坊主坚决不卖，理由很简单：人最自由的时候是在被称为家的房子里，如果连这一栖身之地都不是自己的，人到哪里去寻求和确保自己的自由？皇帝大怒，强行将磨坊拆了。倔强的磨坊主向法院提起了诉讼。让人惊讶的是，法院居然判皇帝败诉，并判决皇帝在原地按原貌重建这座磨坊。皇帝服从了法院的判决，重建了这座磨坊。

裴多菲是匈牙利爱国诗人、英雄，资产阶级革命民主主义者，也是匈牙利民族文学的奠基人。1849年，他在瑟克什堡大血战中同沙俄军队作战时牺牲，年仅26岁。他的小诗，“生命诚可贵，爱情价更高。若为自由故，两者皆可抛”，成为鼓舞人们走向民族民主革命的号角。

文化上的每一个进步，都是迈向自由的一步。

恩格斯认为，自由不在于在幻想中摆脱自然规律而独立，而在于认识这些规律，从而能够有计划地使自然规律为一定的目的服务。自由在于根据对自然界的必然性的认识来支配自身和外部自然界，因此，它必然是历史发展的产物。文化上的每一个进步，都是迈向自由的一步。

1940年6月17日，以贝当为首的法国政府向德国投降，使整个法国蒙受了巨大的耻辱。第二天，法国人民从英国的电台中听到了真正属于法兰西的声音："无论发生什么，法兰西抵抗的火焰决不应该熄灭，也决不会熄灭。"从此，著名的"自由法国"抵抗运动开始了。发出这一广播的，正是夏尔·戴高乐将军。戴高乐一贯奉行独立的外交政策和防务政策，反对大国控制，奠定了法国基本的对外政策方向。

人民要有免于愚昧无知的自由。

第二次世界大战末期，罗斯福总统提出了著名的四大自由，即言论自由、信仰自由、免于匮乏的自由及免于恐惧的自由。晏阳初补充了一条，即人民要有免于愚昧无知的自由。

马丁·路德·金从小在黑人区生活，黑人在经济和政治上备受歧视与压迫。面对丑恶的现实，马丁·路德·金为争取社会平等与正义做了一名牧师。1955年12月，蒙哥马利市警察当局以违反公共汽车座位隔离条令为由，逮捕了黑人妇女罗莎·帕克斯。马丁·路德·金遂同几名黑人积极分子组织起蒙哥马利市政改进协会，号召全市近五万名黑人掀起罢乘运动，迫使法院判决取消地方交通运输工具上的座位隔离条令。这是美国南部黑人第一次以自己的力量取得斗争胜利，他也由此成为民权运动的领袖。

核心价值观

平等

■ 平等是指公民在法律面前一律平等，其价值取向是不断实现实质平等。它要求克服特权思想和行为，尊重和保障人权，人人依法享有平等参与、平等发展的权利。

人皆可以为尧、舜。

曹交问孟子："人人都可以做尧、舜那样的贤人，有这种说法吗？"孟子说："有。"曹交说："我听说文王身高十尺，汤身高九尺，如今我身高九尺四寸多，却只会吃饭而已，要怎样做才行呢？"孟子说："这有什么难的呢？只要去做就行了。要是有人自以为他连一只小鸡都提不起来，那他便是一个没有力气的人。如果有人说自己能够举起三千斤，那他就是一个很有力气的人。同样的道理，举得起乌获所举的重量的，也就是乌获了。人难道以不能胜任为忧患吗？只是不去做罢了。比如说，慢一点走，让在长者之后叫作'悌'；快一点走，抢在长者之前叫作'不悌'。那慢一点走难道是人做不到的吗？不那样做而已。尧、舜之道，不过就是孝和悌罢了。你穿尧的衣服，说尧的话，做尧的事，你便是尧了。你穿桀的衣服，说桀的话，做桀的事，你便是桀了。"

王侯将相宁有种乎？

秦二世元年（公元前209年）七月，阳城的地方官派了两个军官，押着九百名闾左戍守渔阳。恰遇天下大雨，道路不通，他们估计无法按规定期限到达渔阳。超过规定期限，按律当斩。陈胜、吴广是这拨闾左中的屯长，二人商量说："如今逃走是死，起义干一番大事业也是死，同样是死，为国事而死怎么样？"陈胜大呼："且壮士不死即已，死即举大名耳，王侯将相宁有种乎？"这种追求命运平等的号召得到了众多闾左的支持，于是他们揭竿而起，揭开了秦末农民大起义反抗暴秦的序幕。

三国时代，蜀军伐魏，诸葛亮与司马懿对峙不下。马谡自告奋勇要带兵守街亭并表示愿立军令状。诸葛亮同意马谡出兵，并指派王平随行，交代马谡扎营后须立刻回报，有事要与王平商量，马谡一一答应。可是，军队到了街亭，马谡执意把军队驻扎在山上，完全不听王平的建议，也没有遵守约定将安营的阵图送回本部。最终，蜀军兵败如山倒，重要据点街亭失守。事后，诸葛亮为维持军纪挥泪斩马谡，并自请处分降职三等。诸葛亮虽然与马谡亲如父子，但是军纪面前人人平等。

娄师德换米饭。

唐朝时期，兵部尚书娄师德有一次巡视并州，众县令连忙前来迎接并且随行。中午到了驿站，娄师德恐怕人多扰民，就让大家坐在一起吃饭。但他发现，他的碗里放的是精细的白米饭，别人吃的却是粗糙的黑米饭。娄师德便把驿长叫来，责备他说："你为什么要用两种米待客？"驿长惶恐地说道："我不知道长官们要来，一时找不到细米，只够您一个人吃的了。"娄师德说："这样不好，客人不应分等级。"他便叫人给他换了黑米饭和大家一起吃。

1926年9月中旬，时任国民革命军一级上将的冯玉祥在内蒙古五原县誓师。当时部队给养极其困难，誓师大会当天的会餐也只有一饭一菜。身为总司令的冯玉祥，与部下同甘共苦。随后，五原县县长刘必达送来两只鸭子给冯玉祥改善伙食。冯玉祥说："你只看到我吃咸菜，士兵们天天饿着肚子，你知道吗？我吃鸭子对得起他们吗？"刘县长辩解，说这是为了爱护长官。冯玉祥不禁来了火气，厉声呵斥："你这是在毁我，破坏官兵关系！"为教训刘县长，杜绝后来者，冯玉祥命令，打刘县长二十军棍。刘县长拎着鸭子，一瘸一拐退了出去。

张伯苓戒烟。

蔡元培是近代著名的民主革命家、教育家、政治家，而他最为人熟知的身份是北大校长。蔡元培学识渊博，平等待人。1917年1月，蔡元培正式就任北大校长，学校里的老师及劳动工友们耐心等候。马车驶进校门时，工友们恭恭敬敬地站在大门两侧，整齐地向这位传奇人物鞠躬致敬。令大家意外的是，和之前历任趾高气扬的校长不同，新校长竟然走下马车，摘下礼帽，向这些工友缓缓鞠躬回礼。人们惊讶地说道："北大校长贵为内阁大臣，要放下架子向工友行礼？"

南开大学禁止学生吸烟。一次，校长张伯苓在申斥一位犯了禁烟令的学生时，学生回击说："您不许我们抽烟，您干吗抽烟？"张伯苓一时无言，半晌过后才决然地说："我不抽，你也别抽！"从此，他真的将烟戒掉。多年后，朋友和他谈起弗洛伊德的心理学说——梦是欲望的满足，他笑着说道："有道理，我戒烟之后好久还做梦抽烟。"

傅斯年平等待人。

傅斯年是近代著名的历史学家、教育家，五四运动学生领袖之一，曾任北京大学代理校长、台湾大学校长，社会地位很高。抗战时期，随着各个高校、研究所迁至西南，一大批海内外著名学者云集四川李庄，傅斯年也在其中。他不仅尊重学者，对李庄当地的乡民也平等相待。当时有一个叫张海洲的轿夫，曾给傅斯年抬过滑竿。据他的后人介绍，傅斯年常坐滑竿到镇上办事，路上只要看到抬滑竿的有些累，他就马上喊停，自己下来走。有时候当地的区长、镇长请傅斯年吃饭，饭菜摆上，他总是先站起来到轿夫桌上，看看饭菜是否一样，如果不一样，他马上就走，一点情面都不留。

民国著名记者、作家曹聚仁说："我和男女工人（指男女用人）都以兄弟叔侄相称。除了在戏台上，我们没听过'老爷、太太、少爷、少奶奶'的称呼。因此，我在上海、杭州、赣州住了那么久，绝不让女工们叫我'少爷、老爷'，我们同桌吃饭，有如一家人。"

最好的“补品”。

1928年冬，担任红四军政治部主任的陈毅，赶了一夜的路到二十八团传达红四军军委会议精神。党代表何长工笑着说：“陈毅同志，今天我请客。”这话被侦察班的战士听到了。战士们纷纷议论领导受到特别招待，大家把脚步放得很轻，来到团部窗外，透过薄薄的窗户纸看见何长工拿出一个小纸包，笑着告诉陈毅这是最好的“补品”：“我是湖南人，你是四川人，我晓得，都是爱吃这种‘补品’的。”陈毅看见小包里的东西非常开心，战士们好奇地用手指戳破窗户纸，一看全愣了。原来，陈毅、何长工和大家一样，吃的是红米饭，喝的是南瓜汤，小纸包里包的是一些辣椒面。

朱德在南泥湾大生产运动时身体力行，和身边的秘书、警卫人员组成一个生产小组，在窑洞里架起纺车纺线。每天清晨与傍晚，经常能看见他在菜园劳动的身影。为了给菜园施足肥料，朱德坚持每天早起出去捡粪。他只身一人，手持铁锹，肩挎粪筐，穿行在延安城外的微微晨曦之中，俨然一位地道的农民。

不要因为是我的儿子，就当成一件大事。

1948年春夏之交，毛泽东借住在河北省阜平县花山村。作为领袖，毛泽东并没有因为自己地位高、身份尊贵而对当地的乡亲们吆五喝六，反而对他们关怀备至。初到村里，毛泽东为了不影响乡亲们的正常生活，叫警卫员将乡亲们请到自己屋外的碾子上碾米，与他们聊天；他还将自己一直舍不得喝的茶叶拿出来，让警卫员沏给碾米的乡亲们喝。更令人想象不到的是，他利用工作间隙，亲自帮乡亲们推碾子碾米。

毛岸英是毛泽东的长子，在抗美援朝时壮烈牺牲。毛岸英牺牲当天，有人提出要把他的遗体运回国内。彭德怀虽然难过得一天没吃饭，但还是决定将毛岸英和其他遇难志愿军一起，就地安葬。毛泽东得知毛岸英牺牲的消息后，强忍丧子之痛，缓缓地说："打仗总是要死人的。中国人民志愿军已经献出了那么多指战员的生命，他们的牺牲是光荣的。岸英是一个普通战士，不要因为是我的儿子，就当成一件大事。"这是毛泽东一家为了中国人民的革命事业献出的第六位亲人。

在党内活动时我是一位普通党员，在群众中活动时我是一名普通的劳动者。

刘少奇就任国家主席后，平等待人，受人尊敬。1959年，第一次全国群英会在人民大会堂隆重举行，国家主席刘少奇热情地接待了掏粪工人时传祥，并亲切地握住他的手说："你当清洁工是为人民服务的勤务员，我当国家主席也是为人民服务的勤务员，这只是分工不同，都是革命事业不可缺少的一部分。"当刘少奇得知时传祥没有文化时，特意从衣兜里掏出一支"英雄"牌金笔送给他，并且鼓励他努力学习科学文化知识，早日脱掉"文盲"的帽子。

在一次外事活动中，有位记者为了抢拍毛泽东与外宾握手的照片，把照相机的长镜头放在了周恩来的肩上。拍完照片后，他发现把总理当成了长镜头的"支架"，十分内疚和不安。周总理却微笑着点点头，似乎是在说："同志，没关系，这有什么呢？"周恩来经常提醒身边的工作人员："不要只记得我是总理，在国务活动时我是政府总理，在党内活动时我是一位普通党员，在群众中活动时我是一名普通的劳动者。"

王子犯法，与庶民同罪！

1983年“严打”期间，朱德的亲孙子触犯法律。当时有人把是否判他死刑的请示报告递到邓小平手里，邓小平没有批，指示把请示文件拿给朱德夫人康克清，一切请她决定。最后康克清批复，同意死刑。康克清的态度很明确：“王子犯法，与庶民同罪！”

习近平总书记写过一篇追忆作家贾大山的文章，名为《忆大山》。从文章中人们了解到习、贾二人交往的故事：他们每次见面总会长谈到深夜，分手相送时也总是依依不舍；他们深夜互送，为了翻越院墙，二人互踩对方肩膀为梯。一个国家干部，一个朴实作家，从最初相见时贾大山的一句轻视之言，到慢慢积累的相互信任，两人成为知己与挚友，肝胆相照，无论何时何地都平等相待，互相牵挂。

从“猺”到“瑶”。

一位瑶族干部曾做过一个形象的比喻：“在旧中国，我们瑶族被称作‘猺’，被蔑称为‘动物’；解放了，我们被称作‘傜’，变成了‘人’；民族识别后，我们被称作‘瑶’，变成了‘玉’，是共产党让我们实现了从‘动物’到‘人’再到‘玉’的转变。”新中国成立初期，中央人民政府就发布了《关于处理带有歧视或侮辱少数民族性质的称谓、地名、碑碣、匾联的指示》，将带有歧视或侮辱少数民族意思的称谓全部予以禁止、更改、封存或收管。民族平等体现在治国方略的每一个细节中。

一位妈妈经常带孩子逛商场。面对琳琅满目的商品，她总是兴致勃勃地拉着孩子逛东逛西；可是相反，孩子每次都提不起精神，一点儿都不感兴趣。一开始，妈妈很生气，甚至会斥责孩子不懂事，但是时间长了她也有些疑惑。一次偶然的机会，妈妈尝试着蹲下身子。这时候她才发现，从自己的角度看到的是诱人的商品；从孩子的角度看到的却是一条条人腿，毫无美感可言。妈妈忽有所悟：我要学会蹲下来与孩子平等沟通，而不是居高临下指使孩子。

众生平等，每个人都想幸福快乐。

释迦牟尼有一次外出，正好遇见一只饥饿的老鹰正在追捕一只可怜的鸽子。释迦牟尼看它们都有可怜之处，慈悲心起，就伸手把鸽子握住，藏在怀里。老鹰怒火冲天："你大慈大悲，救了这鸽子一命，难道就忍心把我饿死吗？"释迦牟尼说："我不忍心你伤害这无辜的鸽子，也不想你白白地饿死。有道是'我不入地狱，谁入地狱'。"于是他取出一个天平，一边放鸽子，另一边放上从自己身上割下的肉。当他割下最后一片肉的时候，天平终于平衡了。此时天地风云为之变色，真正的佛祖诞生了。

提婆达多与释迦牟尼为堂兄弟，但他曾经屡次加害释迦牟尼。一天，提婆达多生病了。很多医生来给他治病，但都不能把他医好，释迦牟尼便亲自前去探望。释迦牟尼的一个弟子问他："您为什么要帮助提婆达多？他屡次害您，甚至要把您杀死！"释迦牟尼回答说："对某些人友善，却把其他人当作敌人，这没有道理。众生平等，每个人都想幸福快乐，没有人喜欢生病和悲惨。"

假如你的不平等选择会影响别人的心情，甚至伤及别人的自尊，那么你应当自觉放弃这种选择。

第十六任美国总统林肯出身于贫穷农民家庭，年轻时历尽坎坷，经历了许多失败，所以他格外明白平等的重要性。在一次外出时，路边一位黑人老乞丐认出了林肯并且向他鞠躬行礼，令人意想不到的是林肯居然一丝不苟地脱帽，郑重地向老乞丐回礼。同行的人都对总统的举止感到不解。林肯说："即使是一个乞丐，我也不愿意他认为我是一个不懂礼貌的人。"在林肯眼中，所有人无论身份高贵或是卑微，他们的人格和尊严都是平等的。

胡亚雷斯曾四次担任墨西哥总统，被誉为"墨西哥国父"。一次，胡亚雷斯携全家出席社区举行的舞会。一名年轻的大学生鼓起勇气向总统长女玛努埃拉邀舞，却因为打扮穷酸被拒绝。几分钟后，当玛努埃拉准备接受一位西装革履的小伙子的邀请时，胡亚雷斯阻止了她："假如你的不平等选择会影响别人的心情，甚至伤及别人的自尊，那么你应当自觉放弃这种选择。"他穿过人群，让女儿邀请那名学生跳了一支舞。十年之后，胡亚雷斯收到一封信，信上写道："感谢您和公主在舞会上的善意成全，让我确信即使是再卑微的生命，只要敢于伸出手去，亦可触及价值连城的明珠。"

回去告诉你妈妈，今天和你玩耍的是苏联小姑娘卡嘉。

英国女王维多利亚忙于接见王公大臣，却把她的丈夫阿尔伯特亲王冷落在一边。丈夫很生气，就悄悄回到卧室。不久有人敲门，丈夫问："谁？"女王回答："我是女王。"门没有开。女王又敲门，房内又问："谁？"女王和气地说："维多利亚。"可是门依然紧闭。女王气极，想想还是要回去，于是再敲门，并温柔地回答："你的妻子。"丈夫边笑边打开了房门。

英国剧作家萧伯纳到苏联访问，在街头遇见一位聪明伶俐的小姑娘，于是很有兴致地和她一起玩耍。离别时萧伯纳对小姑娘说："回去告诉你妈妈，今天和你玩耍的是世界著名的萧伯纳。"不料那位小姑娘竟然学着萧伯纳的语气，说："回去告诉你妈妈，今天和你玩耍的是苏联小姑娘卡嘉。"这件事对萧伯纳触动很深，他感慨地说："一个人无论有多大的成就，他在人格上和任何人都是平等的。"

近代名僧释宗演少小离家，跟随学者僧俊崖修行。一天师父出去了，在客厅清扫的释宗演累了，便在檐廊上睡着了。当他惊醒时，听到檐廊那边传来脚步声，师父回来了！他躲闪不及，索性一动不动地装睡。师父生怕惊动他，轻手轻脚从他身边绕开回到自己的房间，还抬起一只手，猫腰道一声“打搅了”才进里屋。“师父没骂我！把我当同等人看待了！师父承认我的人格了！”释宗演深深感恩，发誓潜心修道。从此他刻苦钻研，不久完成禅修，年仅三十四岁就当上了寺院住持。

一个在柏林饱受歧视的波兰学生请爱因斯坦为他写一封入学推荐信，爱因斯坦答应了他的请求，为他起草了一份热情洋溢的推荐信。拿到推荐信之后，满怀感激之情的年轻人又提出一个请求：“能不能给我一张有您签名的照片？”“好的。”爱因斯坦接着说：“但是你得答应我也送我一张有你签名的照片，这样才平等。”这句话改变了这位年轻人的一生。他进入大学后发愤学习，毕业后成为爱因斯坦的得力助手。他就是后来饮誉物理学界的科学家英费尔德。英费尔德后来回忆说：“他的话使我感受到平等并给了我自信，尽管当时他穿了一件皱皱巴巴的上衣，裤子上还掉了一颗主要的纽扣，但是什么都影响不了我对他的崇敬。”

一次，英国首相布莱尔携夫人到一个小镇度假。虽然首相夫妇大驾光临，但小镇上的人依旧我行我素，每个人都生活得自在而有序，仿佛都没把这当回事。布莱尔喜欢泡吧，但小镇唯一的一家酒吧老板也丝毫不给他面子，按照预定计划关门休假去了，不过老板仍然很有礼貌地在酒吧门口留了一张字条："欢迎布莱尔先生和太太，现在我们在放假，假期结束后我们会回来的，很抱歉。"布莱尔看后无奈地笑着离开了。

2009年初，苹果总裁乔布斯被查出患肝硬化晚期，必须马上进行肝移植手术。可是院方发现，要进行肝移植的病人有很多，如果排到乔布斯至少需要10个月的时间。于是，有人找到医院院长杜尔先生，希望他能行使一下院长的特权，让乔布斯插队。杜尔先生听了，皱起眉头，脸上露出十分惊讶的神色，他无奈地耸耸肩，说道："我哪有那个特权让乔布斯插队？如果让乔布斯先移植了，那么其他病人怎么办？一切生命都是平等的啊。"于是又有人对乔布斯悄悄地说道："看能不能花点儿钱，给有关人员打点打点，让您先移植？"乔布斯听了，吃惊地说："这怎么行？那不是违法了吗？我的生命和大家是一样的，大家只能按照秩序来排队！"

上帝为了让世界缤纷，创造了不同肤色的人。

外国一个小镇连降大雪，私立学校都关门停课了，一家公立学校却照常上课。一位家长不解，打电话去抗议。校长的一番话却让那位家长肃然起敬。原来，公立学校每天可免费提供营养午餐和暖气，有些困难家庭的学生一天可能就只有这么一顿可口的饭菜，甚至有些学生还要带点剩的回家当晚餐。所以，这个学校一年四季除了法定休假，其他时间都照常上课。家长又说："那何必让所有孩子都冒着严寒去上学呢？"校长说："那样的话，有些孩子会认为自己受到特别照顾，而拒绝来上学。"因此，所有的老师和孩子在那样的天气依然坚持上课，仅为呵护那些幼小的心灵，让他们时刻感受到平等和更深层次的爱！

一位黑人出租车司机载了一对白人母子。上车后孩子问妈妈："为什么司机伯伯的肤色和我们不同？"这位妈妈回答道："孩子，上帝为了让世界缤纷，创造了不同肤色的人。"到达目的地后黑人司机坚持不收钱，他激动地说："在我小时候也问过妈妈同样的问题，她说我们是黑人，注定低人一等，如果她换成你的回答，今天我会有不同的成就。"

你是卖家，我是买家。

一位衣衫褴褛的小贩在卖铅笔，一位企业家看到了，顿生怜悯之情，把一元钱丢进卖笔人的怀中就走了。企业家后来觉得不妥，返回身从卖笔人那儿取出一支铅笔，抱歉地解释说自己忘记拿笔了，并且说："你我都是商人，你是卖家，我是买家。"一年以后，一位穿着考究的商人在商务洽谈会上认出这位企业家，自我介绍说："可能您不记得我了，您就是那位重新给我自尊的人。我一直觉得自己是个卖铅笔的小贩，是您告诉我'我是一名商人'，现在我真的成了小有成就的商人。"

一位单身母亲在一户富人家帮佣，她有一个四岁的儿子。这位母亲因为自己的地位感到自卑，也因为贫穷对儿子感到愧疚。一天，主人在家宴请宾客，需要她帮忙，她不得不晚归，于是她请求把四岁儿子接来，主人同意了。孩子不知道妈妈是用人，妈妈只是说带他参加宴会。她带着儿子从偏门进来，并把儿子带进一个大洗手间，告知孩子这是专门为他准备的餐厅，贫穷的男孩从来没见过这么华丽的洗手间，因而信以为真。主人知道情况后，拉着客人们涌进来，为小男孩办了一场洗手间晚宴。

核心价值观

公正

■ 公正即社会公平和正义，以人的解放、自由平等权利的获得为前提，是国家、社会奉行的根本价值理念，推进社会公平正义是执政党和政府的良心所在。

管仲不荐鲍叔牙。

春秋时期，卫庄公有三个儿子，小儿子州吁整天欺负百姓。大臣石碏的儿子石厚和州吁玩，也变得很坏。卫庄公去世后，卫桓公继位，可州吁却把王位抢了过去。州吁和石厚一起又抓人又打仗，老百姓怨声载道。石厚想让父亲出来叫百姓乖乖听话，石碏却让他和州吁去陈国找人帮忙。石厚以为父亲真心帮他，高高兴兴地和州吁一起去了陈国。其实石碏早已把他们做的坏事告诉了陈国国君，请他把两人抓了起来。石碏说："虽然他是我的儿子，可他确确实实做了坏事，我不能维护他！"于是，他忍住悲痛，派人去陈国把石厚杀掉了。

管仲和鲍叔牙是生死之交。一次，齐桓公和管仲探讨下任相国的人选问题，齐桓公问："假如你死了，谁接任你好呢？"管仲说出了一个人名，齐桓公又问："那么第二人选呢？"管仲又说了一个人的名字，直至齐桓公第四次问，管仲才说："那就是鲍叔牙了！"齐桓公说："我感到很奇怪，鲍叔牙对你那么好，怎么现在请你推荐下任相国的人选时，你竟然把鲍叔牙放在第四人选的位置上呢？"管仲说："我们现在是在谈论下任相国的最合适人选，您并没有问谁是我最感激、最要好的朋友呀。我们的私交很好，但国家利益高于一切。"

良狐直笔。

春秋时期，晋国大夫祁黄羊向晋平公推荐仇人解狐担任南阳县令，晋平公惊讶地问他："解狐不是你的仇人吗？你为什么还要推荐他呢！"祁黄羊说："您只问我什么人能够胜任，谁最合适，您并没有问我解狐是不是我的仇人呀！"于是，晋平公派解狐到南阳县当县令。大家都认为解狐很称职。过了一段时间，祁黄羊又推荐自己的儿子祁午担任国尉，晋平公又感到奇怪了，问道："祁午不是你的儿子吗？你怎么推荐你的儿子，不怕别人说闲话吗？"祁黄羊说："您只问我谁可以胜任，所以我推荐了他，您并没有问我祁午是不是我的儿子呀！"于是，晋平公派祁午去做国尉。祁午干得也很出色。孔子听到这件事后说："外举不避仇，内举不避子，祁黄羊是个公正无私的人啊！"

在礼崩乐坏的春秋时期，权臣掌握国命，史官公正直言往往会招来杀身之祸。但晋国史官董狐却公正不偏，不因为个人的好恶或利害关系而捏造不实言论。赵穿杀晋灵公，身为正卿的赵盾没有管，董狐认为赵盾应负责任，便在史书上记载"赵盾弑其君"。对此，孔子大加赞扬，称董狐为"书法不隐"的"古之良史"。

子产论尹何为邑。

晏婴历经齐灵公、庄公、景公三朝，辅政四十余年。他年老时，向齐景公辞去自己的封邑，但齐景公坚决不允。晏婴说："俸禄是为国家服务的酬劳。做事多的人俸禄多，做事少的人俸禄少。我现在年事已高，再占有这么大的封邑非常不合适。"

郑国上卿子皮看重子产的才能，想把相位传给他。交接前，子皮想推荐尹何治理一个采邑。子产说："他太年轻，缺乏经验，恐怕难以胜任。"子皮恳求说："他为人善良诚实，不妨让他到任上一试。"子产正色回绝："不行！若委之以大邑政事，无异于派不会操刀之人去切割东西，其害无穷。我只听说要先学习然后才能主政，没听说过用执政来学习的啊！"子皮闻言，惭愧不已，同时也被子产的忠诚无私感动，遂把治国的重任交给他。

腹䵍杀子。

墨家巨子腹䵍的儿子杀了人。秦惠王说:“先生年岁大了,也没有别的儿子,我已经命令官吏不杀他了。先生在这件事情上要听我的。”腹䵍回答说:“墨家的法规规定:杀人的人要被处死,伤害人的人要受刑。这是用来禁绝杀人伤人的,是天下的大义。君王虽然给予我特殊照顾,让官吏不杀他,但我不能不施行墨家的法规。”腹䵍没有答应秦惠王,还是杀掉了自己的儿子。

齐宣王向孟子请教如何识别人才。孟子说:“国君左右亲近之人都说某人好,不可轻信;众位大夫都说某人好,也不可轻信;要全国的人都说某人好,然后去了解,发现他有真才干,才可任用他。反之,要罢免一个人,左右亲近之人都说某人不好,不要轻信;众位大夫都说某人不好,也不要轻信;要全国的人都说某人不好,然后去了解,发现他真不好,再罢免他。”

何为大丈夫?

战国时期，诸侯争霸，说客应运而生。他们到各国游说，宣扬自己的政治主张。公孙衍、张仪称得上其中的佼佼者。他们代表强国，所以弱小国家的君主看到他们两人都非常害怕，唯恐他们发动军队来攻打自己的国家。有一个说客问孟子：“公孙衍和张仪能令君主害怕，是不是真正的大丈夫？”孟子回答说：“他们怎么能算大丈夫呢？作为一个大丈夫，应该懂得礼仪法度，将仁义看得至高无上。得志的时候不脱离百姓，失意的时候也不屈从世俗而学习阿谀奉承之术。不能因为富贵而迷惑，也不能因为贫贱而失志，更不能因为受到暴力的威吓而丧失了气节。只有做到了这三点，才能算是真正的大丈夫！”

《韩非子·有度》中有云：“法不阿贵，绳不绕曲。法之所加，智者弗能辞，勇者弗敢争。刑过不避大臣，赏善不遗匹夫。”这句话的意思是说，法律不向权贵低头，法律的准绳决不屈从于邪恶，就像木匠用的墨线决不会迁就弯曲的木料一样。应该受到法律制裁的人，即使他有才智也不能用言辞来辩解、搪塞；即使他英勇无比也不敢用武力来抗争。惩罚罪过，不可回避权贵大臣；而奖赏善行，不可遗漏普通百姓。

崔仁师治狱。

汉宣帝时期，勃海、胶东一带的盗贼十分猖獗，汉宣帝派大臣张敞前去治理。张敞向汉宣帝请求必须奖赏那些追捕盗贼有功之人，严惩盗贼。到任后，他赏罚分明，处理事情严格公正。差吏们个个奋勇追捕，社会迅速恢复安定。因此，班固在《汉书·张敞传》中对张敞有“为人敏疾，赏罚分明，见恶辄取，时时越法纵舍，有足大者”之赞。

唐朝时，青州有人谋反，侍御史崔仁师前去复查此事。他到了青州，仔细研究案情后，只将十余个主犯定罪，其他从犯都被他释放回家。他的手下孙伏伽担忧地说：“您宽宏大量，释放了很多人，只怕那些主犯见同伙被赦免，不甘心，怨恨您啊！”崔仁师严肃地说：“凡定罪断案，应当以公正宽恕为本，怎么可以为了逃避危害，明知其冤枉而不为其申诉呢！万一我判断不准放错了人，我也宁愿以自己一人换取囚犯十人的性命。”孙伏伽听后，羞愧地退下了。

宋璟忘死抗君命。

唐朝年间，裴光德在中书省任职时，有个官职不小的老朋友从远方来拜访他。裴光德好好招待了他，举止行动相当亲切。朋友在他的府第内毫无拘束之感，乘机请他帮忙在京城官府谋个判司做做。裴光德对他说："您确实是个有能力的读书人，但是这官给您做不合适。我不敢因为老朋友的私情而败坏了朝廷的制度。要是往后有别的宰相同情您，您可能会获得这个官职。至于我，万万不会这样做。"

唐中宗神龙二年（706），京兆人韦月将上书，告发武三思与韦后私通。武三思得知后，暗中派遣手下诬陷韦月将大逆不道。唐中宗听信谗言，下令将韦月将处死。宋璟以为案情不实，请求查实验证。唐中宗大怒，说道："朕已决定斩首，你还有什么可说的？"宋璟说："人家告韦后与武三思有私情，陛下不加过问就问斩，臣恐天下会议论，请查实后用刑。"唐中宗愈加恼怒。宋璟面无惧色，说："请陛下先将臣斩首，否则我不能奉诏。"唐中宗无奈，免韦月将死刑，改为发配岭南。

公正刚毅“包待制”。

包拯为人公正刚毅，贵戚、宦官因此而大为收敛。小孩和妇女也知道他的名声，叫他“包待制”。京城里的人因此说：“暗中行贿也疏不通关系的人，有阎罗王和包老头。”按旧规矩，凡有人诉讼都不能直接到官署递交状子，包拯却打开官署正门，让告状的人到跟前陈述是非，办事小吏因此不敢欺瞒。

元朝大将伯颜到达江州时，宋朝兵部尚书吕师夔不战而降，并在府中设宴款待伯颜。趁着酒酣耳热之际，吕师夔将两个宋朝宗室女作为礼物献给伯颜。不料伯颜大怒：“我奉天子之命，以仁义之师来向宋朝问罪，女色岂能动摇我的志向！”伯颜马上命吕师夔将两名女子送了回去。

孙中山不私亲属。

1895年“公车上书”以后，康有为之名响彻神州。他踌躇满志地投稿，参加在上海举办的“何为当今中国变法当务之急”的征文比赛。但是评委们似乎没有给“康圣人”多大面子，在八十五位获奖者中，只授了他一个五等末奖，奖金三两。

孙中山先生对家人要求严格，大公无私。1912年1月，孙中山当选为临时大总统，各界都推举其兄孙眉担任广东都督。但他经过再三考虑，还是不同意孙眉出来当官。他亲自致电孙眉，劝兄长不要担任广东都督。

豫民何辜？

吴佩孚当权后，前来跑官要官的亲朋好友络绎不绝。一次，他亲下手谕："天、孚、道、云、龙五世永不叙用。"这五个字都是蓬莱吴姓一系，一道手谕将自家亲戚攀附之路全部堵死。吴佩孚有个老同学在别处当官，几次都因贪赃枉法被免职，便到吴佩孚处求官。那天，吴佩孚不在，老同学便留下个条子要求到河南当个县令。吴佩孚回家见到条子，提笔批道："豫民何辜？"

杨虎城自幼丧父，与胞弟茂三耕田务农，兄弟情深，非常友爱。1930年，杨虎城出任陆军师长。一天，茂三从家乡来到军营，向哥哥请求给自己在部队弄个挂名的副官当当。茂三老实可靠，但无文化，少机变，不宜担任军职，杨虎城便决定派胞弟去骑兵团喂马。茂三听了，一气之下，不辞而别。后来，杨虎城回陕西省任省主席，茂三又去找哥哥帮忙。杨虎城说："论血缘，我们是亲兄弟，可当省主席给国家办事，要用有知识、有本事的人。你是种庄稼的一把好手，就好好务农吧！"经过劝说，茂三想通了，回家安心务农。

抗日战争期间，五战区豫西别廷芳的民团曾建奇功。别廷芳虽目不识丁，但为人清廉正直。豫西产西瓜，历年偷瓜者不绝，别廷芳便发布“偷瓜者死”的告示。一日，别廷芳的女婿途中口渴，就在附近的瓜田里摘了一个西瓜吃了。此事被别廷芳知道后，立即吩咐卫兵，将女婿推出去枪毙。别廷芳的独生女抱住父亲大哭，替丈夫求情：“如果杀了他，女儿终生依靠谁呢？”别廷芳把女儿推开，说：“枪毙了他，有我养你一辈子！”

抗战时期，傅斯年经常在国民参政会上“放炮”，蒋介石私下请傅斯年吃饭，说：“你既然信任我，那么就该信任我所任用的人。”傅斯年答：“委员长我是信任的，至于说因为信任你也就应该信任你所信任的人，那么，砍掉我的脑袋我也不能这样说。”

周恩来公私分明。

朱德的老家有个侄孙作为适龄青年参了军。几年后，这个侄孙临近复员时来到北京，请求朱德帮他在城里找个工作。朱德说："使不得，回原籍安置是政府的政策，我要带头执行，不能有半点特殊。你在部队入了党，共产党员更应该服从组织纪律。仪陇县天地广阔，需要你，你要愉快地回老家去，由地方组织安排，无论干啥都要干好。"这个侄孙听从了爷爷的教诲，愉快地回到了家乡，当地政府安排他当了公社的放映员。

新中国成立后，周恩来一直坚持私人用车必须自费的原则。一天，周恩来要去人民大会堂接见外宾，计划先去北京饭店理发修脸，之后再去人民大会堂。这本来是公务，可周恩来认为理发应是私事。当从北京饭店出来上车后，周恩来轻轻拍拍司机的肩膀，提醒他说："从西花厅到北京饭店算私事，从这里到人民大会堂才是公事，你不要全部算作公事。"

公正让我别无选择。

李嘉诚曾说："你想过普通的生活，就会遇到普通的挫折；你想过最好的生活，就一定会遇上最强的伤害。这世界很公平，你想要最好，就一定会给你最痛。能闯过去你就是赢家；闯不过去，那你就退回去做个普通人吧。"

在一次上海世乒赛淘汰赛中，中国选手刘国正对阵德国选手波尔。在第七局也是决胜局里，刘国正一个回球出界，以一分之差遗憾出局。波尔的教练已经开始起立狂欢，准备冲进场内拥抱自己的弟子。就在这一瞬间，波尔却优雅地伸手示意，指向台边——这是个擦边球，应该是刘国正得分。就这样，刘国正被对手从悬崖边"救"了回来，最终反败为胜。波尔失利了，但他赢得了在场观众雷鸣般的掌声。赛后，记者们追问他为何要这么做。他只是轻描淡写地说了句："公正让我别无选择。"

我无权拒绝他们入内读书，但您有权利选择离开。

从2003年起，杭州图书馆对所有读者免费开放。面对前来阅读的乞丐越来越多，有市民表达不满时，馆长褚树青说："我无权拒绝他们入内读书，但您有权利选择离开；对弱势群体而言，图书馆可能是唯一可以消弭他们与富裕阶层之间在知识获取上的鸿沟的重要机构。"

在古罗马军队中，士兵每天定量得到一块面包作为全天的口粮。一开始，切割面包与分配面包的任务由长官一人担任，于是长官往往切下最大的一块留给自己，然后按关系亲疏决定面包的大小分配。由于分配不公平造成军队内部矛盾甚至内讧的事件不少。为了防止因争夺食物产生的争斗，罗马人很快找到了一个极好的规则：当两个士兵拿到一块面包后，要求一个士兵分割，而另一个士兵优先选择属于他的一半。在这种规则下，分割面包的士兵出于自利，只能最大限度地追求平均分配。

犯罪不过弄脏了水流，不公正的审判却败坏了水的源头。

弗兰西斯·培根认为，一次不公正的审判，比十次犯罪所造成的危害还要严重，因为犯罪不过弄脏了水流，不公正的审判却败坏了水的源头。

达尔文在完成《物种起源》的写作之后，听闻有一年轻人也完成了类似学说正欲发表。这时的达尔文已有一定的名气，但他没有依仗自己的名声大肆宣传或优先联系相关组织，而是想要放弃发表。后来达尔文在众人的劝说下才与那个年轻人同时发表，公平竞争。

林肯曾说："力量来自公正。"他当律师时，曾有一个很有钱的人请他为自己辩护。林肯听了那个客户的陈述，发现那个人在诬陷好人，于是就说："很抱歉，我不能替您辩护，因为您的行为是非正义的。"那个人说："林肯先生，我就是想请您帮我打这场不正义的官司，只要我胜诉，您要多少酬劳都可以。"林肯严肃地说："只要使用一点点法庭辩护的技巧，您的案子就很容易胜诉，但是案子本身是不公平的。假如我接了您的案子，当我站在法官面前讲话的时候，我会对自己说：'林肯，你在撒谎。'我不能丢掉良心，也不可能讲出谎话。所以，请您另请高明，我没有能力为您效劳。"那个人听了，什么话也没说，默默离开了林肯的办公室。

犹太人善于经商，利达四海，因为他们坚持公正的经商之道。在犹太人世代相传的《塔木德》里有这样一个案例：甲和乙之间要进行四斗小麦的买卖。卖主甲向买主乙要求，如果不能现在支付十两银子而是延迟到几个月后小麦成熟的时候，就要多支付二两。人们根据《塔木德》的规定，判定甲的要求无效。因为对同一商品设定双重价格破坏了商品买卖的价格公正原则。犹太人知道，唯有公正，才可能有回头客，才可能在遭遇困境的时候，有人愿意帮助你；也唯有公正，才可以大胆地向困难挑战。

核心价值观

法治

■ 法治是治国理政的基本方式，依法治国是社会主义民主政治的基本要求。它通过法制建设来维护和保障公民的根本利益，是实现自由、平等、公平、正义的制度保证。任何组织和政党都没有超越宪法和法律的特权，决不允许以言代法、以权压法、徇私枉法。

李离伏剑。

李离是春秋时期晋国的法官。在一次审理案子时，他错判了一人死罪，使其被杀。后来真相大白，李离才知自己是错听了下属禀报而枉法杀人，于是把自己关押起来，认为应当领受死刑。晋文公以国君的身份赦免他的死罪，李离却说：“晋国的法律规定法官断案，失刑则刑，失死则死。现在我错杀了人，罪当死。”说罢，拔剑自刎。

申不害是法家代表人物，他私下请求韩昭侯给自己的堂兄封一个官职，韩昭侯不同意，申不害面露怨色。韩昭侯说：“这可是从你那里学到的治国之策啊！你常教寡人要按功劳大小授以官职等级，如今又请求我为你没有建立功业的堂兄封官，我是答应你的请求而抛弃你的学说，还是推行你的主张而拒绝你的请求呢？”申不害慌忙请罪，对韩昭侯说：“君王真是贤明君主，请您惩罚我吧！”

约法三章。

战国时期，赵奢铁面无私。他到平原君家收租税时，平原君的家人不肯交，于是他按法将平原君家九名管事家臣全部处死。平原君大怒，要杀赵奢。赵奢说："我秉公执法，原是为国家考虑。如果您的家臣不奉公守法，又何以叫国人守法呢？国人不守法，恐怕赵国也不巩固，您的荣华富贵也不存在了。"一席话，说得平原君哑口无言。平原君认为他是贤才，便向赵王推荐他。赵奢被任命为管理国家赋税的官，他办事公平合理，使得赵国国库充实，人民富裕。

公元前206年，刘邦率领大军攻入关中，到达离秦都咸阳只有几十里路的霸上。子婴在仅当了46天的秦王后，向刘邦投降。刘邦接受心腹樊哙和张良的告诫，下令封闭王宫，并留下少数士兵保护王宫和藏有大量财宝的库房，随即还军霸上。为了取得民心，刘邦把关中各县父老、豪杰召集起来，郑重地向他们约法三章："杀人者死，伤人及盗抵罪。"刘邦还将秦朝的严刑苛法全部废除，因此得到百姓的信任和拥护，最后取得天下，建立了西汉王朝。

缇萦救父。

汉初统治者坚持黄老之学的“法正”思想，目的在于“安民”“惠民”。汉文帝十三年（公元前167年），齐太仓令淳于公犯罪，应当受刑。汉代的肉刑主要有黥刑（脸上刺字并涂墨）、劓刑（割去鼻子）和斩左右趾（砍去左足或右足）等。淳于公因为做过官，所以要被押解到长安受刑。淳于公幼女缇萦非常悲痛，随父到长安，上书汉文帝：“我愿意入官府为奴婢，来抵赎父罪。”汉文帝怜悯她的一片孝心，下令赦免了淳于公的肉刑，令其携女归家，并且下诏废除肉刑，改革刑制。自此中国古代刑制由野蛮阶段进入较为文明阶段。

张释之是汉文帝时期主管司法的最高长官。他任公车令时，职责是掌管皇宫外门。按照规定，任何人都不能坐车直进。一天，太子和梁王同车入朝，不肯下车，扬长进门。一般人都不敢前去阻挡，怕得罪太子。张释之却不管这些，追上去就把太子的车拉住，并上报给皇帝。这事被薄太后知道了，追问皇帝，皇帝脱帽谢罪说：“我没有教育好儿子。”太子和梁王一直被张释之扣在那里，直到薄太后派人拿谕旨来赦免太子、梁王，张释之才释放了他们。

张汤审鼠。

张释之任廷尉时，汉文帝出巡至中渭桥，有人违反交通管制令，惊吓到汉文帝所乘的马。张释之依法对其判处罚金四两，汉文帝却认为处罚过轻。张释之解释道："法律为天下共有，天子和臣民都要共同遵守。今天如果重判，就会失信于天下。如果当时陛下令人当场把这个人打死也就算了，现在既然交给廷尉衙门，这里是天下的公平所在，就要按律处置。如果有失轻重，天下皆为效仿，天下百姓就会无所适从啊！请陛下明察！"过了好大一会儿，汉文帝才说："廷尉你做得对。"

张汤在汉武帝时曾任廷尉、御史大夫，一生主持审判过许多重大案件，用法严酷。他小时候就已显露出做法官的潜质。一次父亲外出，他一人在家，老鼠将肉偷走。父亲回来后很生气，动手打了他。张汤遂挖掘鼠洞，将老鼠捉拿归案，老鼠偷的肉还没有享用完，鼠"赃"俱获。张汤按正式审判程序，审讯老鼠，记录供词，写成文书，最后定罪判决，处老鼠以磔刑。其父回家看到他写的供词文书如同出自一个老练的狱吏之手，大为惊讶，以后遂让张汤书写判案文书。

汉武帝大义灭亲。

汉武帝的妹妹隆虑公主死后，她的儿子昭平君日渐骄纵，有一天竟然杀了一个主傅。但是官员考虑到昭平君的身份，就把案子上报给汉武帝。汉武帝说：“法令是先帝设立的，如果因为我妹妹的缘故，而破坏了法令，我还有何面目入宗庙，而且这样做也对不起天下的老百姓。”最终，他还是批准了昭平君的死刑。

西汉名臣赵广汉执法不避权贵，担任京兆尹期间，发现负责监造汉昭帝陵墓的杜建从中非法牟取暴利，准备将其依法处置。但杜建关系盘根错节，为其说情的人纷至沓来。赵广汉都不予理睬，在他心里，得罪人是小事，维护国家的法纪是大事。在证据确凿、事实清楚的情况下，赵广汉命令狱吏将杜建斩首弃市。京城的百姓交口称赞这件案子办得好。

王尊治吏。

西汉时，涿郡高阳县有一位廉洁奉公的官员，叫王尊。王尊从小就十分崇拜书上提到的那些秉公执法的官吏，希望自己将来也成为这样的人物。他刚开始任安定郡太守时，安定郡官场非常混乱，一些官员利用权势作威作福。王尊一到那里，立即整顿吏治，要求所有官员忠于职守，不得以身试法。郡里有个属官心狠手辣，搜刮大量民脂民膏，民愤极大，但他不知悔改，王尊立即命人将他捉拿归案。接着，王尊又惩办了一批罪行严重而又不思悔改的豪强。这样一来，安定郡开始太平起来。王尊疾恶如仇，执法如山，受到了百姓的尊敬和爱戴。

刘秀身边的一个小侍从犯了罪，名将祭遵查明事情原委后，依法对小侍从处以死刑。刘秀知道后，十分生气，想处罚祭遵，但马上有人来劝谏刘秀："严明军令，本来就是您的要求。如今祭遵坚守法令，上下一致做得很对。只有像他这样言行一致，号令三军才有威信啊。"刘秀听了觉得有理，非但没有处罚祭遵，称帝后还封他为征虏将军、颍阳侯。

“强项令”董宣。

东汉湖阳公主的家奴白日行凶杀人，洛阳令董宣依法处死这名家奴。湖阳公主立即回宫向光武帝刘秀告状。刘秀极为愤怒，召来董宣，欲棰杀他。董宣磕头说：“陛下因德行圣明而中兴复国，却放纵家奴杀害百姓，将拿什么来治理天下呢？我不用棰打，只求一死。”董宣当即用脑袋撞击柱子，血流满面。刘秀命小太监扶着董宣，让他磕头向公主谢罪，董宣不答应。刘秀让小太监强迫他磕头，董宣两手撑地，一直不肯低头。刘秀深受感动，称其为“强项令”，并赏赐给他三十万钱。

汉顺帝时，苏章升任冀州刺史。苏章有位老朋友任清河太守，是他的下属。苏章巡行属郡，查证这位老朋友存在贪赃枉法问题。于是，苏章先将这位老朋友请来，设宴款待。宴席上，二人畅谈平日友情，十分欢愉。清河太守欣喜地说：“别人头上只有一重天，我的头上却有两重天。”苏章说：“今天晚上我跟老朋友喝酒，是个人的私情；明天冀州刺史依法办案，就是国家的公法了。”此后，苏章查出清河太守的罪行，一一列举，依法对其做了惩处。

李膺明法斩张朔。

李膺是东汉著名的学者、政治家，出身于衣冠望族。汉桓帝时期，李膺负责督警百官。宦官张让的弟弟张朔倚仗哥哥权势为害一方，竟然杀害孕妇取乐。李膺经审讯录供后依法处决了张朔。张让向皇帝喊冤，皇帝责问李膺，为什么不先请示就处死张朔。李膺回答说："《礼记》上说，官宦子弟犯罪，即使国君要宽赦，官吏也可严守法律不听命。如果陛下要处死我，请求推迟五天，让我限期灭尽大恶，回来甘愿领受烹煮之刑。"皇帝听后对张让说："是你弟弟有罪，司隶有什么过错？"从此，宦官们都收敛了气焰。

满宠担任许县县令。曹洪是当时大将军曹操的从弟，地位非常高。曹洪的手下在许县境内屡次犯法，满宠便将他们全部收捕治罪。曹洪写信要求满宠释放他们，满宠不听，曹洪又向曹操诉说。曹操便召见许县主管案狱的人。满宠知道曹操将要赦免曹洪的手下，便赶快将他们处死。曹操事后反而高兴地称赞满宠能够坚持原则。

杀你的是兖州刺史，哭你的是表哥苟晞。

西晋将领苟晞曾在兖州任刺史。苟晞的表弟犯了死罪，他依法将表弟处斩，然后换上一身素服，到灵前祭吊，边哭边说：“表弟啊，杀你的是兖州刺史，哭你的是表哥苟晞。”由于他执法严厉，他的部下非常有纪律，打起仗来都很勇敢。

赵绰是隋文帝时主管司法的大臣，性格刚毅，执法严明，隋文帝很器重他。当时流行一种绛色裤子，大家认为穿它就会官运亨通。但是，朝廷规定，各级官员都不得在公开场合穿这种裤子。一天，刑部侍郎辛亶在官署办公时，穿了这种裤子，被人告到了隋文帝那里。隋文帝认为他轻视朝廷，且有诅咒他人的嫌疑，就下令将辛亶处斩。赵绰认为隋文帝的处罚过重，就上奏说：“辛亶穿这种裤子，确实违背了朝廷的规定，但依照刑律，应该处以杖刑，而不该处以死刑。”隋文帝大怒，说：“你爱惜辛亶的性命，难道就不要自己的命了吗？”赵绰坦然道：“陛下可以杀了我，但不能杀辛亶。”行刑时，隋文帝派人问他：“你为了辛亶这样去死，不觉得可惜吗？”赵绰说：“臣一心执法，不怕一死。”隋文帝听后，沉默不语，命人将赵绰放了，并表彰他为维护法律不惜一死的做法。

治国不私故人。

濮州刺史庞相寿因为贪污而被罢免官职，他向人陈述自己曾经在秦王府当过幕僚。唐太宗知道这件事后可怜他，准备让其官复原职。魏徵向唐太宗进谏道："当年秦王的老部下有很多，如果都像庞相寿这样倚恃私恩，恐怕会让天下正直的人心寒。"唐太宗听后采纳了魏徵的意见，对庞相寿说："过去我身为秦王，是一府之主；今天我身在皇位，是天下之主，不能单独照顾老部下。连魏大人都这样秉公执法，我又怎么能违反原则以徇私情呢！"唐太宗便赏赐给庞相寿一些布匹丝帛让其回家。庞相寿含泪而去。

唐高宗时期，左司郎中王本立倚仗皇帝的宠爱，把持朝政，群臣慑于他的权势而不敢言。后来王本立犯了罪，狄仁杰上奏检举他，要求将他治罪。不料唐高宗因为怜惜他，竟然赦免了他。狄仁杰立刻进言阻止道："陛下怎么能怜惜罪人而损害国法呢？如果陛下一定要破例赦免王本立，那就请把臣流放到荒蛮之地去，以此作为将来忠贞之臣的警戒。"唐高宗没办法，只得撤销了那道命令。从此朝廷纲纪整肃不紊。

狄仁杰巧谏执法。

唐高宗仪凤年间，武卫大将军权善才误砍昭陵柏树，狄仁杰判决免除他的职务。但唐高宗下令立即处死权善才，说："权善才陷我于不孝境地，必须杀掉他才能解我心头之恨。"狄仁杰说："法律规定本来就有差别等次，罪不至死而让他们去死，后世之人将怎样评论陛下呢？"于是唐高宗免去了权善才的死罪。

武则天在位时，李日知任司刑丞。当时常有反对武则天的官员遭到杀戮。一次，一个叫胡元礼的大官按武则天的旨意，想通过李日知将一个无辜的人处死，李日知坚决不答应。胡元礼依仗武则天的权势，再次派人到李日知的府上，大声喊道："胡元礼在此，这个人休想活！"面对这个狂妄之徒，李日知义正辞严地拒绝道："李日知在此，这个人不会死！"由于李日知执法如山，最终保住了无辜者的性命。

徐有功以死护法。

徐有功是一位以死护法、守正不阿的清官。武则天为达到自己的政治目的，任用酷吏，诬构大狱，偏离法规，接连诛杀所谓“不法”的高宗时期旧臣和宗室贵族。徐有功冒着杀身之祸维护法律的严肃性，尽力制止各种冤假错案的产生。武则天每次要杀人，徐有功都根据法律，与她争辩，请求她不要滥杀无辜。一次，武则天为此大发雷霆，命令武士把徐有功拖出去斩首。即便在性命不保的情况下，他还回过头来严肃地说：“我虽然被杀，但法律是不可改变的。”武则天无法，只好将他削职为民。后来武则天再次起用他时，他还是据法与她力争，皇权始终不能使他屈服。

唐代名相宋璟负责选拔人才。候选的官员宋元超在吏部自称是宋璟的叔父，希望能因此得到关照。得知此事后，宋璟发文书告之吏部：“宋元超是我的堂叔父，由于他定居在洛阳，因而我未能经常前去参见。我既不敢因为他是长辈就为之隐瞒，又不愿以私害公。以往他没有提出这层关系，吏部自然可以照章办事；现在他既然已把我们的关系声张出去，那么就必须矫枉过正了，请不要录用他。”

丁宝桢智除安德海。

安德海是慈禧宠幸的太监，经常刁难、敲诈各级官员，连议政亲王和朝中大臣都对他无可奈何。后安德海以“奉旨采办龙袍”为由沿运河南下苏州，到德州时，巡抚丁宝桢沿用“太监不得出都门”的祖制，抓捕安德海并将其斩杀。曾国藩闻讯盛赞：“我患眼疾已有数月，闻此消息，顿见光明，丁宝桢真是豪杰之人。”

彭玉麟是清朝著名的将领，以刚正不阿闻名朝野。有一年，彭玉麟被任命为钦差大臣，南下巡视长江水师。经过合肥时，听闻李鸿章的一个侄子李秋升霸人妻女，当地官府因害怕李鸿章的权势而不敢过问。彭玉麟问明缘由后，派人请李秋升前来，并唤来乡民同他对质。李秋升想着有李鸿章撑腰，便有恃无恐地承认了。彭玉麟勃然大怒，命人将其痛打一顿。当地县官听到这个消息，急忙赶来为李秋升求情，彭玉麟不予理睬；安徽巡抚也来为他求情，彭玉麟一面派人迎客，一面令人速斩李秋升。事后，彭玉麟给李鸿章写了一封信，告诉他：“令侄败坏您的家声，想必亦是您所痛恨的，我已替您处置了。”尽管李鸿章心里十分愤恨，却也知道对方有理有据，只好回写了一封信向彭玉麟道谢。

核心价值观

爱国

■ 爱国基于个人对国家和民族的忠诚与热爱，是服务社会，造福人民。它同社会主义紧密结合在一起，要求人们忠实于民族整体利益，投身于社会主义伟大事业，维护国家统一。

弦高救国。

祖国即“祖先以来所居之地”，是我们的国籍所属的国家。黄帝统一华夏部落，征服东夷、九黎族，成为远古时代华夏民族的共主。黄帝肇造文明，惜物爱民，被后人尊为中华人文始祖。由此看，我们的祖国已有近5000年历史了。

弦高是春秋时期郑国的商人。他在经商途中与秦国军队相遇，得知秦军要去袭击他的祖国郑国时，便一面派人急速回国报告敌情，一面伪装成郑国国君的特使，以十二头牛作为礼物，犒劳秦军。秦军以为郑国已经知道偷袭之事，只好班师返回。郑国避免了一次灭亡的命运。当郑国国君要奖赏弦高时，他却婉言谢绝：“欺诈而能获赏，郑国的信用就要被废弃，仁爱之君是不会这样做的。”后来，弦高带领族人移居东夷之地，终身不再返回郑国。

匈奴未灭，何以家为？

西汉著名将领霍去病十六岁从军，跟着舅舅卫青到边塞和入侵的匈奴人作战。他虽然年纪轻轻，却英勇善战，为驱除匈奴人立下了赫赫战功。为了表彰霍去病的战绩，汉武帝曾经想为他修建一座豪华的府第。霍去病拒绝了，他说："匈奴未灭，何以家为？"在荣华富贵面前，霍去病不为所动，念念不忘的是国家安危，最终病死在征战途中。

祖逖和刘琨都是晋朝著名的将领，两人从少年时代就是好朋友。晋武帝太康十年（289）的一个冬夜，祖逖和刘琨合盖一床被子纵谈世事。两人预感到不久的将来会出现动乱局面，因此忧心忡忡，夜不能寐。半夜，祖逖被远处传来的鸡叫声惊醒。他踢醒刘琨，对他说："别人都认为半夜听见鸡叫不吉利，我偏不这样想，咱们干脆以后听见鸡叫就起床练剑，日后全力报效祖国，如何？"刘琨欣然同意。于是，每天鸡叫后他们就起床练剑，从不间断。后来，两人终于建功立业，成为国家的栋梁之材。

精忠报国。

北宋末年，金人南侵，北宋处在生死存亡的关头。少年岳飞投军抗金。临行前，母亲把岳飞叫到跟前，在他的背上刺了“精忠报国”四个字。岳飞投军后，始终牢记母亲的教诲，多次打败金军。宗泽称赞他“智勇才艺，古良将不能过”。后来岳飞成为著名的英雄，被历代人民敬仰。

南宋初年，将军徐徽言在西北一线抗金，被围在一座孤城里。徐徽言估计支撑不下去了，就把守城的全部家当烧掉了。他手持宝剑，坐在大堂之上，慷慨激昂地对将士们说：“我是替天子守卫国土的大臣，要坚守气节而不能落入敌手受辱。”于是拔剑自杀，部下急忙救了他。城破后，金人以高官厚禄引诱他投降，他不为所动，最终被金人射杀。

人生自古谁无死，留取丹心照汗青。

南宋抗元英雄文天祥，兵败后被俘，被元人囚禁了三年，多次严词拒绝敌人的劝降。元世祖知道文天祥始终不屈服，于是召文天祥入朝，对他说："你有什么愿望？"文天祥回答说："我受大宋恩泽，担任宰相，怎能臣事他姓之人呢？只愿赐死罢了。"可是，元世祖还是不忍心杀文天祥，再次将他囚禁。后来有人建议尽早处死文天祥，元世祖同意了。文天祥临刑时向南方行了拜礼，而后从容受死。死时年仅四十七岁。

元兵南进，南宋文武官员拥着十一岁的端宗皇帝退到广州海面。不久，端宗受惊而死，大家打算各奔前程。大学士陆秀夫挺身而出："度宗皇帝还有一个儿子在这里，古人只有一旅一成，还能中兴，现在百官都在，兵有数万，如果天不绝宋，岂有不能成功之理！"在他的坚持下，逃亡朝廷以崖山作根据地，继续与元军作战。最后，宋军断粮多日，元兵发起猛攻，终于打进崖山。为了不做俘虏，陆秀夫背起幼主，毅然跳进海里，壮烈殉宋。

郑成功收复台湾。

1624年，荷兰殖民主义者派兵侵占我国领土台湾。台湾人民数次英勇斗争，沉重地打击了侵略者的嚣张气焰。1661年，在东南沿海领导抗清斗争的郑成功，率领战船350多艘，将士25000多人，包围了台湾，经过9个月的激战，迫使荷兰总督签订投降书。荷兰总督带领残兵败将，灰溜溜地离开了台湾。

朱聿锷是南明政权的皇帝。1647年底，清兵攻破广州，朱聿锷逃到大臣王应华宅中躲避，后被清军搜捕，关在东察院。降将李成栋派人去给他送食物和水，朱聿锷拒不接受，凛然道："如果喝了你一口水，我就无颜去见先帝！"当晚便趁守兵不备解下腰带，自缢而死。

一马一人。

在广东近代史上，不食英国人提供食物而死者，有一马一人。马是第一次鸦片战争时，广东沙角炮台守将陈连升的黄骝马。陈连升战死沙场后，黄骝马被英兵捕去，它不受喂养，日夜悲鸣，终于饿死。时人哀悼，称之为“义马”。人即叶名琛，被称为“海上苏武”。1858年1月，叶名琛被英国人带离广州，后被囚禁在印度加尔各答。他被俘期间，始终保持清朝官员的风度，不食“英粟”而最终饿死他乡。

左宗棠去世的时候曾留下遗言：“这一次在越南与法国人的战争，是关系到中国未来强弱的关键之战。作为最高统帅，我没能大胜，扬我国威，实在是平生最大遗憾，令我死不瞑目。”

如有流血牺牲，请从我开始。

清末戊戌变法时，慈禧太后派她喜爱的宦官寇连才伺候光绪皇帝，顺便窥探机密，但寇连才深明大义，心忧国事。一天，寇连才跪在慈禧太后面前，称赞光绪皇帝英明，希望太后不要再垂帘听政，又说国家财力有限，请太后停止一切供个人享受的园林建设，并大骂太后重用的大臣误国。慈禧太后大怒，让内务府慎刑司立即将其处死。

清末维新派代表人物谭嗣同被捕之前，有外国公使劝他出洋避祸。谭嗣同笑着说："世界各国提倡革命，再造新国，没有不是从流血牺牲开始的。而我国从无为革命而流血者，这也许是革命不成功的原因吧？如有流血牺牲，请从我开始。"谭嗣同最终没有出国，后被清政府杀害。

中国将越来越强大。

戊戌变法失败后，六君子被逮捕。处斩之时，刘光第叹息说："我们这帮人死了，正气也就没有了。"康广仁对谭嗣同说："现在八股废除，今后人才辈出。我们死后，中国将越来越强大。"

清末，八国联军侵入北京，某国的一位敌军头目喜欢上了一个妓女，让翻译传话愿意不惜重金留宿一夜。这位妓女说："我虽然身为妓女，但也决不肯失身于外人。"敌军头目持刀威胁说："不愿意只有死。"妓女愤然夺刀说："今天必死一人。"敌军头目怕事情闹大，只得作罢，说："我平时打交道的大清官员大都没有骨气，没想到竟然遇到这么有骨气的妓女。"

救国！救国！

清末革命家陈天华在日本留学时，听到清政府要同沙俄私订丧权辱国条约的消息后，悲愤欲绝，立即在留学生中召开拒俄大会，组织拒俄义勇军，准备回国参战。回到宿舍后，他咬破自己手指，以血指书写救国血书，在血书里陈述亡国的悲惨，当亡国奴的辛酸，鼓舞同胞起来战斗。他一连写了几十张，终因流血过多而晕倒，可嘴里还在不停地喊："救国！救国！"别人把他救醒后，他坚持把血书一份一份装入信封，从万里迢迢的日本寄回国内，读到的人无不感动。

老革命家吴玉章年轻时东渡日本留学。当时正处清朝末年，中国积贫积弱，日本人看不起中国人，辱华事件时有发生，很多中国人敢怒不敢言。1904年的元旦，吴玉章所在学校悬挂万国旗时故意不挂中国国旗。为维护国家荣誉和民族尊严，吴玉章挺身而出，代表留日学生向学校当局提出严正抗议：要求学校当局立即向中国学生道歉并纠正错误，否则，就要罢课和绝食以示抗议。学校当局在中国爱国留学生的压力下，只得认错道歉。

科学虽然没有国界，但是科学家有祖国。

清末，因刺杀清朝宗室良弼而英勇牺牲的同盟会成员彭家珍绝命书云："共和若成，虽死亦荣，共和不成，虽生亦辱，与其生受辱，不如死得荣！"

1916年，二十岁的茅以升到美国留学，成为康奈尔大学桥梁专业的研究生，并很快以优异的成绩获得硕士学位。为了多实践，他白天上课晚上实习，终于成为一个既懂理论又有技术的人才。一份份聘书从美国各地寄来，但他不为所动，坚持回国。美国有些人劝他："科学是超越国界的。科学家的贡献属于全人类。中国条件差，你留在美国贡献会更大。"茅以升回答："科学虽然没有国界，但是科学家有祖国。我是一个中国人，我的祖国更需要我。我要回去为祖国服务！"1919年，茅以升带着一身本领回到国内，开始了为国造桥的事业。

与妻书。

广州起义前夕，“黄花岗七十二烈士”之一的林觉民给父亲和妻子写了绝笔信。他对父亲说：“我死了，让大人吃苦，弟弟妹妹也无人照顾。然而我的死对全国同胞有用处。”他对妻子说：“我们有过甜蜜幸福的生活，正是为了让天下人都得到幸福，我才宁愿去家舍命，离开你，为天下人谋求永远的幸福！”几天后，林觉民在起义中被俘牺牲，死时年仅二十四岁。他为国舍家的情操，教育了一代代年轻人。

抗战期间，日本人占领北平以后，想诱逼吴佩孚出山。吴佩孚撰长联表白爱国心迹，其联曰：“得意时清白乃心，不纳妾，不积金钱，饮酒赋诗，犹是书生本色；失败后倔强到底，不出洋，不入租界，灌园抱瓮，真个解甲归田。”

张作霖“手黑”。

某次，张作霖出席日本人的酒会，酒过三巡，一位来自日本的名流，力请张作霖当众写字。张作霖抓过笔就写了个“虎”字，然后落款：“张作霖手黑。”那位日本名流瞅着几个字笑出声来。随从连忙凑近张作霖耳边提醒：“大帅写的‘手墨’的‘墨’，下面少了个‘土’，成了‘黑’了。”哪知张作霖一瞪眼睛骂道：“妈了个巴子的，俺还不知道‘墨’字怎样写？对付日本人，手不黑行吗？这叫‘寸土不让’！”在场的中国人恍然大悟，日本人则目瞪口呆。此后不久就发生了“皇姑屯事件”。

杨闇公，又名杨尚述，是杨尚昆同志的四哥，大革命运动的主要领导人。1927年3月31日，杨闇公不顾四川军阀的威逼利诱，在重庆组织各界群众抗议英美帝国主义军舰炮轰南京的罪行，声援北伐战争。四川军阀刘湘派出大量军警镇压，酿成重庆“三三一惨案”。杨闇公落于敌手，大义凛然，坚拒利诱，怒斥敌顽。军阀震惧，割其舌，断其指，剜其目。杨闇公壮烈牺牲于佛图关前，时年二十九岁。

我是中国人！

1931年，矢志抗日的吉鸿昌将军被蒋介石逼迫下野，到国外“考察实业”。一次，吉鸿昌在美国要往国内邮寄衣物，邮局职员竟说世界上已经不存在中国了。吉鸿昌异常愤怒，刚要发作，陪同的使馆参赞劝道：“你为什么不说自己是日本人呢？只要说自己是日本人就可受到礼遇。”吉鸿昌当即怒斥：“你觉得当中国人丢脸吗？可我觉得当中国人光荣！”为抗议帝国主义者对中国人的歧视，维护民族尊严，他找来一块木牌，用英文仔细地在上面写上：“我是中国人！”

张学良是奉系军阀张作霖长子，二十岁晋升陆军少将，二十八岁宣布东北易帜。他积极主张抗日，反对内战，1936年同杨虎城发动了震惊中外的西安事变，逼蒋抗日，后被软禁五十多年。他曾说：“按军法，我应该被枪毙；但我没做错，我为了救中国！”

与儿书。

临刑前一天，东北抗日英雄赵一曼给儿子写了一封遗书，读来催人泪下："母亲对于你没有能尽到教育的责任，实在是遗憾的事情。母亲因为坚决地做了反满抗日的斗争，今天已经到了牺牲的前夕。母亲和你在生前是永远没有再见的机会了。希望你，宁儿啊！赶快成人，来安慰你地下的母亲！我最亲爱的孩子啊！母亲不用千言万语来教育你，就用实际行动来教育你。在你长大成人之后，希望不要忘记你的母亲是为国而牺牲的！"

1937年7月28日，北平大战开始。北平城外的南苑，佟麟阁所在的第29军司令部遭受日本40余架飞机和3000人的机械化部队的猛烈进攻。但是佟麟阁与第132师师长赵登禹仍然誓死坚守阵地，指挥第29军拼死抗击，战斗进行得十分激烈。随后他奉命向大红门转移，途中再次遭到日军包围，在组织部队突击时，他被机枪射中腿部，头部也再受重伤，最终因流血过多，壮烈殉国。毛泽东同志曾高度评价佟麟阁等国民党抗日将领，称赞他们"给了全中国人民以崇高伟大的模范"。

陈嘉庚与厦门大学。

刘眉生生于1904年，黄埔第5期学生，陆军第85师510团团长。与妻书曰："日寇凶残夺我疆土，戮我同胞，愿以七尺之躯，以报生我育我之故土，即令战死沙场，我之荣矣。"1937年10月，刘眉生率团参加忻口会战。10月28日，日军主力向其阵地发起猛攻。激战中，刘眉生身中数弹，壮烈殉国。国民政府追授他为陆军少将。

著名爱国华侨领袖陈嘉庚，出生在福建一个普通商人家庭。他早年随父去南洋经商，家资万贯，身居海外的他念念不忘祖国。早在青年时期，他就决心献身报国，辛亥革命中他先后捐款20多万元。革命失败后，他认为只有提高国民素质，才能挽救劳苦大众于水火，因此大力兴办教育。他在家乡办了许多学校，并于1921年创办了厦门大学。仅1921年到1937年这16年中，他就负担了厦门大学的开办及各项开支达400万元。即使在他的公司已经被迫停业、经济相当困难的情况下，他仍向银行借款，来维持学校的生存。他逝世前将国内存款共300多万元，全部捐献给国家，用作发展教育事业。毛泽东曾赞誉他是"华侨旗帜、民族光辉"。

我们的回答只能是血，是死，战死就是光荣。

著名抗日英雄杨靖宇21岁时就参加革命。1940年初，他被日军围困，身负重伤却依旧不肯投降。因为伤势太重，他连树皮都啃不动，只能将棉衣里的棉花和着冰雪吞下去充饥。日军劝降不成，便放乱枪，年仅35岁的杨靖宇壮烈牺牲。残忍的日军剖开他的遗体，当看到他的胃里只有野草和棉絮时，这些被杨靖宇带领的抗日联军弄得焦头烂额的侵略者全呆住了。在冰天雪地的长白山密林中，支撑着杨靖宇与敌人战斗的是对祖国的一腔热爱之情。

1943年，国民党将领余程万率领57师死守常德，面对数倍于己的日军，他们苦战16昼夜，8000名“虎贲”仅剩83位。“我们的战斗任务就是……无论敌人施加多大的压力，我们的回答只能是血，是死，战死就是光荣。”

宁死不吃救济粮。

朱自清是我国著名的文学家。抗日战争结束后，物品奇缺，物价飞涨，很多人在饥饿和死亡线上挣扎。人民对美国和国民党政府十分不满，反抗的呼声越来越高。美国为了支持蒋介石，运来一些面粉，说要“救济”中国人，好让中国人“感谢”美国。朱自清看透了美国的用心，认为美国的救济是对中国人的侮辱。当时，朱自清正患严重的胃病，身体非常瘦弱，经常呕吐，甚至整夜不能入睡。可是为了维护中国的尊严，他坚决拒绝那些别有用心的“赏赐”。两个月后，朱自清因贫病交加，不幸去世。他宁肯饿死，也不肯领带侮辱性的“救济”，表现了一个中国人应有的尊严。

国民党元老于右任在台湾的时候，没有一天不思念大陆。临死之前，作《国殇》，其诗云：“葬我于高山之上兮，望我大陆。大陆不可见兮，只有痛哭。葬我于高山之上兮，望我故乡。故乡不可见兮，永不能忘！天苍苍，野茫茫，山之上，国有殇。”

两弹元勋。

1958年，年轻的邓稼先被选为原子弹的主要研制者之一。他深感自己责任重大，说："为了完成这项任务，死了也值得。"研制工作开始后，人们再也看不到他的身影，一切抛头露面的事他都不参加，连妻子也不知道他在哪里工作，做什么。长期艰苦工作损害了邓稼先的身体。1986年，他患癌症病逝。一直到报上发布了他去世的消息，全国人民才知道邓稼先这个名字。他不图个人的名和利，舍弃了个人的幸福，几十年默默无闻地为国家大业奋斗，却从不后悔。临终前，他欣慰地说："我可以瞑目了。"

19世纪波兰钢琴家、作曲家肖邦，为了给祖国争光而出国深造。他出国时带了一捧祖国的泥土来怀念祖国。后来肖邦客死他乡，临终前嘱咐姐姐一定要把他的心脏带回祖国，以示他生前不能回到祖国，死后也要和祖国在一起的决心。

核心价值观

敬业

■ 敬业是良好的工作态度和认真的工作作风，是对公民职业行为准则的价值评价，要求公民增强职业道德，提高业务技能，忠于职守，克己奉公，服务人民，服务社会，充分体现了社会主义职业精神。

周公吐哺。

周公姬旦是西周初期杰出的政治家、思想家。周公派长子伯禽去管理鲁国，临行前告诫他：“我是文王之子、武王之弟、成王之叔父，在全天下人中地位不算低。但我一沐三握发，一饭三吐哺，起来接待贤士，就这样还唯恐因怠慢而失去人才。你到鲁国之后，千万不要因有国土而骄慢待人。”

唐代著名诗人李贺才华横溢。他写诗注重考察实际，不喜欢先立题目再冥思苦想。因此，每日起床后，他便让书童带好书囊布袋，骑着毛驴，外出周游。见到好的素材，他便立刻记下来作为资料，回家再集写成篇。李贺的母亲知道儿子勤奋，心疼孩子的身体。每天他一回家，母亲就检查他的书囊。当发现儿子书囊中存放着太多诗句纸片时，她疼惜道：“这孩子要把心呕出来才肯罢休啊！”

还是不看了，看了也是白白增添烦恼。

富弼是北宋时期著名的大臣。他曾先后两次出使辽国，为挽救国难而不顾个人安危，表现出过人的胆识。第一次出使时正逢他的女儿去世，他以国事为重，没顾上料理女儿丧事；第二次刚要出发，家人通知他家里添了个男孩，他还是以国家大事为重，没有回家探望。出使时，他一心一意想着如何完成谈判使命，收到家书也不打开，还自我安慰道："还是不看了，看了也是白白增添烦恼。"

曾巩，字子固，北宋散文家、史学家、政治家。曾巩接任襄州知州以后，发现前任留下来的案件里，有一宗案件冤情严重。他便仔细研读案卷，慎重地分析案情，终因证据不足而释放了在押的一百余人，对已判极刑的人也作了翻案处理。这件事使襄阳百姓非常钦佩他，有的人甚至跪叩在地，感慨道："我们这地方以前被判死刑的多了，不知道还有没有冤案？"

风雨必记。

周忱，字恂如，明前期大臣。为官期间，他治事严谨细密，注重亲自查访。他经常随身携带一本记事本，自记每日行事，不遗巨细，坚持不怠，以备日常参考。身边的官吏私下都笑他烦琐。一次，一个妄图侵吞财物的船民，来到衙门谎报粮船因飓风失事。周忱亲自问他：“粮船失事于何时何地，当时所刮是东风还是西风？”那人不明就里，胡乱说了一通。周忱哈哈大笑，拿出记事本，将那日情况详细告诉他，吓得那人叫饶不已。

“勤政”二字是雍正一朝大有作为的不二法门。对雍正帝而言，批阅奏折似乎是一件让人兴奋的事情。如他所说：“朕自朝至夕，凝坐殿室，批览各处章奏，目不停视，手不停批，训谕诸臣，日不下数千言。”难能可贵的是，这些朱批都由他亲笔御批，既不劳烦别人代笔，也不需要别人在旁边献计献策。

李四光不“识”其女。

张作霖曾下令：“帅府重地，午夜一过，任何人不准出入。”某夜张作霖晚归，门房以过了时间为由拒绝开门。张作霖无法，只得绕到后门进入。第二天，张作霖召见门房，破格升他去当看守所所长。门房表示自己不识字，做不来官。张作霖不以为然，说：“那好办，给你找个识字的当秘书。”

1920年，李四光从英国学成回国，担任北京大学地质系教授。他在学校地质馆夜以继日地工作。一个星期天，他像往常一样在地质馆认真搞科研，竟忘了天晚回家。正当他凝神思考时，偶一抬头，瞅见一个小女孩静悄悄地站在桌旁，他未加理会，又低头继续写作，并轻声催道：“你是谁家的小姑娘啊？这么晚了，快回家吧，不然你妈妈该等急啦。”只听小姑娘埋怨道：“爸爸，妈妈不是等我着急，是等你着急哪！”李四光抬头一看，原来是自己的女儿。

为共产主义奋斗终身。

邓中夏是中国共产党早期的马克思主义理论家之一。1921年，由于在青年中的知名度和威望，邓中夏被直隶省立高等师范学校聘为新文学教授。他的学生王森然回忆当时上课情形写道："他右手持粉笔，挽着袖口，左手拿板擦，边讲边写，边写边擦，一写就是一大黑板。头发、衣襟、袖筒上落满粉笔面，也不在意，时间久了，嗓音嘶哑，嘴角出了白沫，才喝一口白水，其实水里早已落下一层粉笔面，他看都不看，便咽下去了。他的这种忘我精神，使我们非常感动。"

王尽美是中国共产党创始人之一。中国共产党成立后，王尽美便致力于工人运动和党组织的发展。长期的忘我工作和艰苦生活，使王尽美积劳成疾。1925年，就在领导青岛日商纱厂工人罢工斗争取得胜利的时候，王尽美却终因劳累过度，肺病恶化，于8月19日在青岛病逝。他在遗嘱中写道："要好好工作，为无产阶级和全人类的解放而奋斗到底！"他以自己的言行，践行了为共产主义奋斗终身的誓言。

萧楚女咯血。

萧楚女是中国共产党早期青年运动领导人之一，曾任广州农民运动讲习所教员。一次，萧楚女在讲课时，因工作繁重、生活紧张，突然咯血。学生们劝他回宿舍休息，但他坚持讲课。稍事休息后，他对学生说："我不能休息，不上一小时课，就要浪费你们许多时间啊！你们想一想，蜡烛不是燃烧了才能放光明吗？我们要像蜡烛一样，要在有限的一生中，有一分热就发一分光，给人以光明，给人以温暖！"不久，他又气喘咳嗽，再次咯出了殷红的鲜血。他为了不影响学生听课情绪，将咯出的血吐在手帕里，学生们见此情形忍不住流泪。

中国京剧表演艺术大师梅兰芳每天起床后第一件事就是打开鸽子笼，将鸽子放出来，然后尽眼力在天上辨别哪些是自己的，哪些是别人的，愈望愈高，仿佛望到天的尽头。很多人对此不解。原来，梅兰芳年少时双目眼皮下垂，眼珠转动不灵活，这对于一名演员来说，是致命的缺陷。于是他就想养鸽子来锻炼目力。梅兰芳天天望鸽子，数年坚持不断，眼睛不知不觉地变得有神了，终成一代表演艺术大师。

战士死于沙场，学者死于讲坛。

1929年，梁启超重病在身，名医萧龙友开出药方，并再三叮咛："病想治好并不难，但必须停止劳神费心的工作，尤其禁止读书治学，否则华佗降世，也无能为力。"梁启超回答说："战士死于沙场，学者死于讲坛。"这一年的1月19日，梁启超不治去世。1982年，梁启超的学生谢国桢因病住院，在病床上还不忘校订书稿，当亲朋故友劝他静心养病时，他说："战士死于沙场，学者死于讲坛。师训不可违！"

中华人民共和国国歌的作曲者聂耳在北平时穷得买不起棉衣，却用有限的几个钱来收集北方民间音乐素材，并深入市井社会聆听卖嗓子、卖武功的吆喝声，从中知道了他们"生命的挣扎"的心灵之声。他在上海苦苦积攒一年的积蓄，才买到一把梦寐以求的廉价小提琴。他经常踏着晨霜夜路体验女工上班的辛苦，从而创作出《新的女性》。聂耳还与小报童交上了朋友，天天嘘寒问暖，那首著名的《卖报歌》正是在这种环境下创作出来的。

“气死牛”。

抗战期间，国民党政府总参谋长白崇禧聘请著名教授、翻译家乔大壮当参议，并讲明他可以不过问政务，只做些不相干的应酬文字。一次，白崇禧将乔大壮的文稿改动了几个字。乔大壮立即面见白崇禧，严厉指责：“阁下是总参谋长，我是中央大学文学教授，各人自有一行。如果你能改我的文字，我也改你的作战计划，行不行？”白崇禧无言以对，只得把改过的文字又改了回来。

1941年，八路军359旅在南泥湾垦荒。当时，战士们自造农具，几乎全部依靠人力拉犁开荒。他们不但没有叫苦，还整天喊着嘹亮的号子坚持劳动。一次，359旅94个开荒能手齐集，进行生产大比武。一连三天，战士郝树才天天保持四亩以上的开荒记录。一位农民不服，提议他和牛比赛开荒。结果，牛被累得口吐白沫，郝树才还生龙活虎，于是得了一个雅号叫“气死牛”。

我拿国家的薪水，怎能不干活？

1946年，陈寅恪从欧洲回到清华，此时他双目已盲，身心俱疲。历史系主任雷海宗劝他休养一段时间，他不听，并要求在中文系也开一门课。雷海宗的助手王永兴劝他："一门课已经够辛苦了，是否不要在中文系上课了？"陈寅恪严肃地说："我拿国家的薪水，怎能不干活？"

1960年5月，王进喜率队从玉门到大庆参加石油大会战。打第二口井时，王进喜被砸伤的腿肿得很厉害，但他仍拄着拐杖坚持工作。一天，突然出现了井喷，需要水泥来压井。成袋的水泥倒进了泥浆池搅不开，王进喜就甩掉拐杖，直接跃进了齐腰深的泥浆池中，接着七八个人也跟着跳了进去，奋战三个多小时终于制服了井喷。王进喜累得起不来了，大家劝他保重身体，他却说："我早就豁出去了，只要上午拿下个大油田，哪怕下午倒在钻台上也痛快。"

那一刻，我宁愿为她等待两分钟。

张秉贵17岁起就在德昌厚食品杂货店当售货员。他常对人讲："我们售货员要胸有一团火，温暖顾客心。"为了苦练售货基本功，全身心投入柜台工作，他常年住在集体宿舍，每星期休息时才回家探望一次，一直保持到退休。柜台外，他为了把自己的眼睛变成天平，把自己的手变成秤，把自己的头脑变成计算器，经常练到深夜，直到眼睛熬红，手臂不能动弹。柜台内，他在百货大楼销售30年，接待顾客数百万人次，从来没有和客户怄过气、吵过嘴，态度始终和蔼可亲。

秦水支是温州中学的一位老师。一次公开课上，他点到一个胖胖的女同学回答问题。女同学微微颤抖地站了起来，脸红红的，久久不说话。一堂优秀的公开课因此而略显瑕疵。然而秦水支并没有让那位学生马上坐下，而是微笑着等她，直到那个学生一字一顿地回答了问题，他才满意地点头让她坐下。课后他对听课老师说："她有些轻微口吃，如果当时我断然让她坐下了，她失去的将是下一个在大庭广众前开口的信心和勇气，比起我的课来，一个生命的成长似乎更重要。所以，那一刻，我宁愿为她等待两分钟。"

为民教书，为党分忧。

泗洪县临淮镇三河村船头小学教师阎成米，32年来在长不过8米、宽不过2.5米、船舱高不过1米的小船上，每天工作十四五个小时，教孩子们读书做人。他1.8米的个头，只能坐着讲，坐乏了就跪着，跪累了再坐。虽然每月收入不足500元，但是他热爱自己的事业，从不后悔。32年来，他共教过800多名学生，不少人已经成为当地的基层干部和骨干力量，还有的上了大学。他努力实践自己的誓言：为民教书，为党分忧。1995年，他被评为全国劳模，获得了五一劳动奖章。

自1981年参加工作后，李素丽就把“全心全意为人民服务”作为自己的座右铭，在平凡的岗位上，真诚、热情地为乘客服务，被誉为“老人的拐杖，盲人的眼睛，外地人的向导，病人的护士，群众的贴心人”。她认真学习英语、哑语，并努力钻研心理学、语言学，利用业余时间走访、熟悉不同地理环境，潜心研究各种乘客心理和要求，有针对性地为不同乘客提供满意周到的服务，诠释着公交“一心为乘客，服务最光荣”的行业精神，赢得了广大乘客的尊重和爱戴。

“草原水神”李国安。

袁隆平长期从事杂交水稻育种理论研究和种植技术实践。“文革”期间迫于政治压力，他和助手跑到云南进行水稻实验。一次，当地发生了地震，为了不让实验中断，他们在旁边的泥水地里支起帐篷，铺上草席，粮食供应不足就拿甘蔗当饭吃，三个人口腔里都磨出了泡。经过5个月的辛勤劳动，他们在高产杂交水稻研究上取得了重大突破。

1994年，时任北京军区给水工程团团长的李国安，不顾腰椎管肿瘤手术后病弱的身体和医生的劝阻，围着一条15厘米宽的钢转腰，奔波4个多月，完成了4000公里边防的详细水源分布调查和22万字的边疆水文地质调查报告，填补了这一领域空白。任团长5年，他率领给水团转战160万公里，打出的水，可解决128万城市人口用水。他们在被视为无水的沙漠戈壁找到了水，在北纬40度以北开创了我国冬季成井的先例，创造了我国水利史上的一系列奇迹。

一锤定音。

吴斌是杭州长运客运公司的司机。一天中午，他驾车从无锡返回杭州。行驶至阳山路段时，一块大铁片突然从天而降，击穿挡风玻璃砸向他。面对突如其来的致命打击和后面惊慌的乘客，吴斌开始只是本能地用右手捂了一下腹部，他没有紧急刹车或猛打方向盘，而是强忍着疼痛把车缓缓减速，停靠在路边，回头对受惊吓的乘客说："别乱跑，注意安全。"乘客们见状，马上报警。他随后被送往无锡解放军101医院救治。次日凌晨，吴斌因伤势过重去世。

铜锣铺里的老师傅已年近70了，还每天坚持掌锤。每到锣心的时候，老师傅就会使足力气打下最后一锤。原来，锣心的一锤与周边的锤法都不一样，最后锣心一锤是定音的，或清脆悠扬，或雄浑洪亮，都因这一锤而定。这一锤打好了，就是好锣。否则，这只锣就报废了。不论多么优质的铜料，不论剪裁的尺寸多么合理，也不论一开始打了多少锤，最后关头那恰到好处的重要一锤，才是一只锣制造成功的关键。

磨镜片的门卫。

莫里哀不仅是一位剧作家，还是一位演员，他的作品大多由他自己担任主要角色。20多年的辛勤创作，饥饿、劳累、苦恼使他得了严重的肺病，身体十分虚弱。去世前，他又创作了一部喜剧《心病者》。莫里哀不顾妻子的劝说，坚持带病演出。他把全部身心投入剧中，由于他的病情已经十分严重，因此演出时不得不经常皱眉和咳嗽。一个患重病的人在喜剧中正好扮演一个没病装病的人。就在演出快结束时，他突然大笑一声，摔倒在舞台上，溘然长逝。

300多年前，在荷兰一个小镇上有一位门卫利用业余时间打磨镜片，这一磨就是60年。多年的专注使他的技艺超过了专业水平，磨出的镜片的放大倍数比专业人员磨出的都高，而且他在磨镜片的同时还发现了微生物世界，获得了巴黎科学院院士的头衔。英国女王专程去小镇拜访他。他的名字叫列文虎克，后来成为著名的显微镜学家。

他去世时，手里还紧握着笔。

俄国化学家门捷列夫是化学元素周期律的发现者。门捷列夫年过七旬以后，由于积劳成疾导致双目半盲，但他依然奋斗不息。他每天从清晨开始工作，一口气工作到下午五点半，六点吃“中饭”，饭后又继续工作到深夜。1907年2月2日清晨，门捷列夫因心肌梗死坐在椅子上去世，面前的写字桌上，是一本本写完的著作。他去世时，手里还紧握着笔。

美国知名演员艾丹·奎因出演的电影超过40部。他相信只要努力演戏，就会获得成功，就会得到更多更好的角色。一次，一个场景需要他表演跳水，时值冬天，他不顾严寒，拒用替身，一次又一次跳入冰冷的河水中，直到导演认为可以入镜为止。他们曾在巴西的山里拍电影，艾丹·奎因和其他演员一起帮剧组搬运沉重的器材，为此他们要穿过崎岖的丛林地带。正是他的敬业与全身心投入，1986年他被《银幕世界》杂志评选为年度最有希望的12位电影男演员之一。

核心价值观

诚信

■ 诚信即诚实守信，是人类社会几千年来传承至今的道德传统,也是社会主义道德建设的重点内容,它强调诚实劳动、信守承诺、诚恳待人。

桐叶封弟。

周成王与弟弟叔虞玩耍，摘下一片梧桐叶剪成圭的形状，交给叔虞说："我拿这个给你分封。"于是史佚请求周成王选择一个好日子分封叔虞。周成王说："我只不过跟他开个玩笑而已。"史佚说："天子说话不能开玩笑。只要发话，史官就要记载下来，按礼仪完成它，并奏乐章歌咏它。"周成王便将唐地封给了叔虞。

周幽王有个宠妃叫褒姒，为博取褒姒一笑，他下令在都城附近二十多座烽火台上点燃烽火。但烽火是边关报警的唯一信号，只有在外敌入侵需要召集诸侯救援时才能点燃。诸侯见到烽火，率领兵将们匆匆赶到，发现这是君王为博宠妃一笑的骗局，愤然离去。褒姒看到平日威仪赫赫的诸侯手足无措的样子，终于开心一笑。后来，犬戎大举攻周，周幽王再燃烽火却没有一家前来救援。谁也不愿再上第二次当。结果，周幽王被逼自刎，褒姒也被俘虏。

退避三舍。

齐国的大臣崔杼以下犯上杀了齐庄公，齐太史秉笔直书："崔杼弑其君。"崔杼因此杀了齐太史。齐太史的两个弟弟也如实记载，都被崔杼杀了。崔杼告诉齐太史的第三个弟弟："你三个哥哥都死了，你难道不怕死吗？你还是按我的要求，把庄公之死写成暴毙而亡吧。"齐太史的弟弟正色回答："据事直书，是史官的职责，失职求生，不如去死。"

春秋时期，晋文公重耳为了躲避晋献公的捉拿而逃往楚国。一天，楚王在宴会上问重耳："若有一天你回晋国当上国君，该怎么报答我呢？"重耳回答道："要是托您的福，真能回国当政的话，我愿与贵国交好。如有一天，晋楚之间发生战争，我一定命令军队先退避三舍（一舍等于三十里），如果还不能得到您的原谅，我再与您交战。"后来，重耳果真回国当了国君。公元前632年，晋国和楚国的军队在作战时相遇。晋文公为了实现当初许下的诺言，下令军队后退九十里，驻扎在城濮。

季札挂剑。

春秋时期，吴国公子季札出使徐国时，徐君看中了季札佩带的宝剑，但因宝剑太过贵重没有开口。季札知道徐君很喜欢这把宝剑，想立即将它送给徐君，但由于出使其他国家仍需佩剑才合乎礼仪就没有送出。季札在心里向徐君许下诺言："结束这次行程后，定将这把宝剑赠送。"后来，当季札返回徐国时，徐君已死。季札来到徐君墓前，将宝剑挂在徐君墓旁的树上。随从问道："人都死了，还赠他宝剑做什么？"季札说："我早在心中答应将这把宝剑送给徐君，如今徐君离世，我怎能因此违背内心的诺言？"

一次，曾子的妻子去市集，儿子哭着要跟着去。曾子的妻子对儿子说："你回家，等我回来杀猪给你吃。"曾子的妻子从市集回来，看到曾子正在杀猪。妻子阻拦说："我是骗骗小孩子的。"曾子说："小孩一举一动都模仿父母，今天你骗他，是在教他欺骗。母子之间不再信任，这不是教育孩子的好办法。"于是曾子就把猪杀了。

魏文侯与虞人期猎。

春秋时期，齐国攻打鲁国，要索取鲁国的镇国之宝——岑鼎。鲁侯献了一只假鼎给齐侯，并向齐侯请求订立停战和约。齐侯为了鉴定岑鼎的真假，准备将鲁国最讲信用的人柳季请来鉴别。鲁侯知道了，央求柳季说："就请先生破一回例，说一次假话，以保全宝物。"柳季沉思了半晌，严肃地说："您把岑鼎当作最重要的东西，而我则把信用看作立身处事的根本。现在大王想要微臣破坏自己做人的根本，来换取您的宝物，恕臣难以从命。"鲁侯听了这一番义正辞严的话，知道再说下去也没有用了，就将真的岑鼎献给了齐国。齐鲁之间终于签订了停战和约。

魏文侯与掌管山泽园林的虞人约好日期，要一起打猎。到了那一天，天降大雨，魏文侯在宫中饮酒作乐，侍臣以为魏文侯不打算前去赴约了。没想到，时间一到，魏文侯立即准备出发。侍臣说："今天饮酒这么高兴，天又下大雨，国君要到哪里去呢？"魏文侯说："我同虞人已经约好要去打猎，虽然在这里高兴，但怎能不守约定呢？"于是魏文侯冒雨前去赴约。

徙木立信。

吴起是战国时期著名的政治家和军事家。一天，吴起出门遇到了老朋友，两人约好一起吃晚饭。到了傍晚，老朋友却没有来，吴起就一直饿着肚子等待。第二天早晨，吴起派人把老朋友找到，老朋友来了，他们才一起进餐。

商鞅在秦孝公的支持下主持变法。为了树立威信，推进改革，商鞅下令在都城南门外立一根三丈长的木头，并当众许下诺言：谁能把这根木头搬到北门，赏十金。围观的人不相信这么轻而易举就能得到如此高的奖赏，没人肯出手一试。于是，商鞅将赏金提高到五十金。重赏之下必有勇夫，终于有人站出来将木头扛到了北门。商鞅立即赏了他五十金。商鞅的这一举动，使他在百姓心中树立起威信，接下来的变法很快就在秦国推广开来。

一诺千金。

魏国人鲍子都有一天傍晚在野外行走，看见一位书生突然心痛发作，于是他下马为书生按摩心脏。但不一会儿，书生还是死了。鲍子都看到书生的口袋里有一册兵书和十个金饼，他便卖了一个金饼，用所卖的钱来安葬书生。他将剩下的九个金饼放在书生的头下，将兵书放到书生的身旁。几年以后，鲍子都发现路上有一个骑马的人在拼命追赶他，大骂他是强盗，还问鲍子都他儿子的尸体去哪了。鲍子都将当时的情况说了，带领那个人来到书生的墓前，那人挖开坟墓，看到九个金饼仍在书生的头下，兵书也在书生的身旁放着。书生的全家都非常感激鲍子都的大仁大义，从此鲍子都声名远播。

季布是秦末豪杰。他一向说话算数，信誉非常高，许多人都同他建立了深厚的友情。当时有一句话广为流传："得黄金百斤，不如得季布一诺。"后来，他得罪了汉高祖刘邦，被悬赏捉拿。但他旧日的朋友没有被重金所惑，有人冒着灭九族的危险来保护他，终使他免遭祸殃。

郭伋不失信于童。

韩信幼时和哥嫂住在一起，刻薄的嫂嫂非常讨厌他读书，认为读书既耗费灯油，又没有用处。韩信只好流落街头。一位老婆婆很同情他，不仅支持他读书，还每天给他饭吃。面对老婆婆的一片诚心，韩信很感激，他对老婆婆说："我长大了一定要报答您。"老婆婆笑着说："等你长大后我就入土了。"后来韩信成为著名的将领，被刘邦封为楚王，他仍然惦记着这位曾经给他帮助的老婆婆。于是他找到这位老婆婆，将她接到自己的家里，像对待自己的母亲一样孝敬她。

东汉郭伋任并州牧时，有一次巡行部属，途经美稷县，当地的孩子们闻讯后，自发聚集在一起夹道欢迎他。郭伋赶忙下马，一一答谢。他在美稷县办完事后，要赶往下一地，孩子们又闻讯赶来送他，并问他什么时候返回。郭伋立即让随从计算返程日期，并告诉孩子们。由于事情办得十分顺利，返回的日子比预期早了一天，但为了不失信于孩子们，郭伋下令在县城外的野亭露宿一晚，等到第二天才入城。

卓恕千里赴期。

华歆和王朗一同乘船避难，有个人想要搭船，华歆感到很为难。王朗说：“船里恰好还很宽松，为什么不同意？”后来，作乱的贼兵追上来了，王朗想要抛弃所携带的那个人。华歆说：“先前之所以犹豫不决，正因为考虑到了这种情况。既然已经接纳他，难道可以因为情况紧急就抛弃他吗？”在逃难途中，华歆一直没有抛弃这个人。

三国时期吴国名士卓恕，做人很讲诚信，说过的话都会马上兑现。他如果与人有约定，即使遇到大风暴雨、闪电冰雹也会如期而至。他曾经从建业回老家会稽，向诸葛恪告别，诸葛恪问他归期，卓恕回答：“某日我一定亲自来拜见您。”到了这一天，诸葛恪宴请宾客，但为了等待卓恕的到来，让客人们停止吃喝。当时，宾客们面面相觑，认为从会稽到建业相距一千多里，且路途波折，卓恕哪里能按约定的时间到呢？不一会儿，卓恕果真到了，在座的宾客大吃一惊。

富不易妻。

唐朝名将尉迟恭跟随李渊、李世民父子南征北战。唐朝建立后，他又参与谋划玄武门之变，帮助李世民登上帝位，成为朝廷重臣，深得李世民信任。一次，李世民对尉迟恭说："我想把女儿嫁给你，如何？"尉迟恭叩头辞谢说："我夫人虽然相貌一般，但我们是患难夫妻。我虽然才疏学浅，但也知道古人'富不易妻'。娶您的女儿实在不是我的本愿。"李世民听了这话，嫁女的事只好作罢。

唐朝吕元膺担任蕲州刺史时，曾在年终视察郡中监狱。有一位囚犯对他说："父母在堂，大年初一却不能回家探望。"说完，这名囚犯就伤心落泪，吕元膺也很伤心。于是，他打开了所有囚犯的刑具放他们回家，并且告诉了他们返回的日期。下属感到吕元膺的行为很荒诞，试图阻止他。他回答说："我用诚信待人，他们怎么会欺骗我呢？"囚犯们果然如期返回。这件事后，当地的强盗们也深受感动，都离开了蕲州。

张去华烧契约。

张去华是宋太祖钦点的状元。他在道州履任期间，偶然看中了一座房子，房主正急需用钱，他就把它买了下来。后来有一天，他在院外看见一个老太太倚墙而泣，便前去询问缘由。原来，这宅子是老太太家祖传的，儿子不学好，不得不变卖祖宅还债。老太太想在入土之前，再回来看看。知道了这一切后，张去华派人把老太太的儿子找来，命令他马上改掉吃喝玩乐的坏毛病，重新做人，好好奉养母亲，并承诺说如果他能够做到，就把买房子时签的契约烧掉，把房子还给他们母子。老太太的儿子对以前的恶行感到后悔，此后真的痛改前非。张去华也按照承诺，当着母子俩的面把契约烧了，自己搬出了那座宅子。

北宋政治家、诗人寇准，少时仪表出众，十九岁参加科举就中了进士。宋太宗选取进士，往往到殿前亲自主持面试，对年纪轻、工作经验不足的人不予重用。有人教寇准增报年龄，寇准说：“刚刚踏上仕途，怎么能欺骗皇上呢？”

司马光卖马。

北宋词人晏殊十四岁时，有人把他作为神童举荐给皇帝。皇帝召见了他，要他与一千多名进士同时参加考试。结果晏殊发现考题是自己十天前刚练习过的，就如实向宋真宗报告，并请求改换其他题目。宋真宗对晏殊的诚实无欺大加赞赏。

司马光是北宋著名的史学家。一天，他吩咐管家把自己骑过的一匹病马牵到集市去卖掉。一位老者欲买，但嫌价钱贵了。管家明知马有毛病却说："这是我家司马相公的坐骑，只因他现在忙着编书，用不着它了，才舍得卖的。不然的话，五十缗钱可不卖！"老者听后诚恳地说："有幸能买到司马相公的好马，那就货不二价吧，我明日如数带钱来牵马。"管家回府兴奋地将情况报告给司马光。司马光一边自责一边正色道："不能这样！你明天一定对买主说清楚，并重新议价，我看三十缗就行了。"第二天，管家如实向买马人说明此马有病，并一再说司马相公特意关照不能让买主吃亏上当。集市上知道此事的人都称颂司马光为人诚实。

林积拾珠不昧。

宋代齐州人刘廷式，本是农家子弟，与邻居家的女儿订有婚约。后离别数年，刘廷式入太学读书，并考中进士。刘廷式回乡准备与邻居家的女儿成亲时，才得知邻居已死，其女双目失明，家道中落。刘廷式并未因此违背婚约，反而选好了日子准备完婚。邻女打算退婚，她说：“我如今双目失明，形同废人，且门不当户不对，怎能嫁你为妻呢？”刘廷式答道：“既然我早与邻翁有约，岂可因翁死子疾而违背婚约？”二人终成眷属。之后，家庭和睦，并生数子。

林积年少时去京师，途经蔡州，住在当地一家旅馆。他在旅馆房间捡到一只锦囊，锦囊里有几百颗明珠。林积问旅馆主人：“之前有什么人在这里住宿？”旅馆主人说：“浔阳的周仲津。”林积说：“这个人一定会再来。你可把我的姓名告诉他，叫他来访我。”几天后，周仲津果然到蔡州的旅馆里来寻珠子了。旅馆主人将林积的姓名告诉周仲津，他便去拜访林积。林积验明他所说的明珠数量与锦囊中的数量相符，就把东西还了他。周仲津要分一部分明珠来酬谢林积，林积坚决不肯接受。

宋濂还书。

《郁离子》中记载了一个人因失信而丧生的故事：济阴有个商人过河时船沉了，他抓住一根大麻秆大声呼救。有个渔夫闻声而至。商人急忙喊："我是济阴最大的富翁，你若能救我，给你一百两金子。"商人被救上岸后，却翻脸不认账，他只给了渔夫十两金子。渔夫责怪他不守信，出尔反尔。商人说："你一个打鱼的，一生都挣不了几个钱，突然得十两金子还不满足吗？"渔夫只得怏怏而去。后来，那商人又一次在原地翻船了。有人想救，曾被他骗过的渔夫说："他就是那个说话不算数的人！"于是，商人因没有人搭救而淹死了。

明代大儒宋濂从小喜爱读书，但家里很穷，他没钱买书，只好向人家借。一次，他借到一本书，越读越爱不释手，便决定把它抄下来。可是还书的期限快到了，他还没有抄完只好连夜抄书。时值隆冬腊月，滴水成冰。他的母亲说："孩子，都半夜了，天这么冷，天亮再抄吧。人家又不是等着书看。"宋濂说："不管人家等不等这本书看，到期限就要还，这是信用问题，也是尊重别人的表现。如果说话做事不讲信用，失信于人，怎么可能得到别人的尊重呢？"

字据在心里，不在纸上。

明清时期的徽商非常注重个人品牌，讲究货真价实。清末胡开文墨店老板胡余德发现有批墨锭不符合质量要求，立即下令停止制售，并将卖出的墨锭高价收回、销毁。乾隆年间，徽商吴鹏翔曾一次性买了八百斛胡椒，在付款前他发现这批胡椒有毒，而卖主愿意全部收回，但他仍然按原价买下，然后一把火烧掉。他之所以这样做，是考虑到如果退回胡椒，卖主有可能转售他人，会坑害更多人，于是宁可自己受些损失，也不失义。

吴县人蔡勉旃重诺言，守信用。有个朋友在他那寄放了千金，没有立下任何字据。过了不久，那个朋友死了。蔡勉旃把朋友的儿子叫来，要把千金还给他。朋友的儿子很吃惊，不肯接受，说道："哎呀！没有这样的事情，哪里有寄放千金却不立字据的人？而且我的父亲从来没有告诉过我呀。"蔡勉旃笑着说："字据在心里，不在纸上。你的父亲把我当知己，所以不告诉你。"最终，蔡勉旃用车子装着千金，把钱还给了朋友的儿子。

"心"字少一点。

清代乾隆年间，南昌城有个点心店主李沙庚。最初，他以货真价实赢得顾客盈门。但其赚钱后便掺假，对顾客也怠慢起来，生意日渐冷落。一日，书画名家郑板桥来店进餐，李沙庚惊喜万分，恳请郑板桥题写店名。郑板桥挥毫题定"李沙庚点心店"六字，墨宝苍劲有力，引来众人观看，但还是无人进餐。原来"心"字少写了一点，李沙庚请求郑板桥补写一点。但郑板桥却说："没有错啊，你以前生意兴隆，是因为'心'有了这一点，而今生意清淡，正因为'心'少了这一点。"李沙庚感悟到诚信经营的重要。从此，他痛改前非，用心经营，生意又红火了起来。

洪耀明在咸宁实验小学任教27年，主管学生德育工作。他介绍，学校门前的街道脏乱，学校曾采取派人督察等方式整治，但效果不明显。为此，他许下承诺：只要学生们不乱丢垃圾，道路的卫生状况得到改观，自己就在一个月后的升旗仪式上当众亲吻一头小猪。这一新奇承诺点燃了学生的热情，乱扔垃圾现象明显减少，还有学生主动捡起地上的垃圾。一个多月后，校园门前道路的卫生情况有了很大改观。洪耀明为了实现承诺，在2014年4月28日早晨升旗仪式上当众亲吻了一头小猪。

200多年前，美国一位普通的平民要出售他的庭院，可在交易时他主动降低了价格。面对惊诧万分的买主，他真诚地道出缘由：他最亲爱的小儿子葬在房后，希望买主能保留那个小小的坟墓，让他儿子和这块土地同在。买主感动万分，向卖主郑重承诺：将来无论这座庭院属于谁，他一定将这个愿望传递下去，保存他儿子的墓地。后来，这座庭院几易其主，一直到了1792年，包括庭院在内的大片土地归联邦政府所有，乔治·华盛顿选中它作为总统府基址。几年后，白宫拔地而起，可就在白宫的不远处，一座修整完好的小小坟墓一直矗立在绿草坪中。

世界饭店大王康拉德·希尔顿一生奋斗拼搏的成功宝典便是“诚实”二字。在20世纪30年代初世界经济大萧条时期，希尔顿饭店生意不景气，所欠债务高达50万美元，追债者络绎不绝，有些债主向法院提起诉讼。希尔顿的私人律师劝他宣布破产，这样便能勾销一切债务。可是他却义正辞严地说：“我不能扔掉我剩下的唯一的东西。信誉是我的生命。宣布破产就意味着失去了信誉，失去了希望。我绝对不能这么做！”就这样，在最困难的时刻，他坚持偿还债务，以诚实和信誉赢得了社会的信任，依靠诚信渡过了难关。

核心价值观

友善

■ 友善即和睦友好，是社会主义新型人际关系努力追求的目标，强调公民之间应互相尊重、互相关心、互相帮助。广义的友善还包括善待动物、植物乃至一切自然之物，积极保护生态环境。

管鲍之交。

舜的母亲去世后，父亲瞽叟再娶，生下象。象为人傲慢，对舜很仇视。继母也经常在瞽叟面前说舜的坏话。但舜仍然对父母很孝顺、对弟弟很友爱，设法避免祸害，且毫无怨恨。当时的部落领袖尧得知舜的事迹后，就把他的两个女儿娥皇和女英嫁给他。舜成亲后，要求两位妻子孝敬公婆，不可以因出身而破坏家庭的规矩。正是因为舜的大度、友善和才能，才让尧下定决心让舜做自己的接班人。

管仲年轻的时候，家里很穷，还要奉养母亲。鲍叔牙就找管仲一起投资做生意。最初，管仲没有钱，本钱几乎都是鲍叔牙出的，可是，赚了钱以后，管仲却拿得比鲍叔牙多。鲍叔牙的仆人说："这个管仲真奇怪，本钱拿的比我们主人少，分钱的时候却拿得多！"鲍叔牙对仆人说："不可以这么说！管仲家里穷又要奉养母亲，多拿一点没有关系的。"后来，管鲍之交一直被誉为交友的最高境界，成为历代传诵的佳话。

楚庄王绝缨。

春秋时期，秦穆公有一次坐车出行，车子坏了，拉车的马脱缰跑了。秦穆公找到时，看见有人已经把马杀掉吃肉了。秦穆公对他们说："这是我的马呀。"这些人都惊恐地站起来。秦穆公却说："我听说光吃马肉不喝酒会伤身体。"于是一一赐酒。过了三年，晋国攻打秦国，秦穆公被围困。以前那些杀马吃肉的人互相说："咱们应该为君王拼死作战，来报答他给我们食马饮酒的恩德。"在这些人的帮助下，秦穆公冲出了包围。

楚庄王有次宴请群臣，酒至半酣，忽然一阵大风把蜡烛吹灭了。一名武将酒醉，乘黑调戏王妃，王妃大惊，一把扯下其盔上红缨，并要求即刻点灯，查明是谁大胆冒犯。楚庄王说："酒是我让他们喝的，醉后失礼是人之常情，不能为了显示后妃的贞洁而侮辱壮士。"楚庄王命令群臣把帽缨扯下来，一醉方休。三年以后，晋楚交战，楚国一位将军奋勇争先，领兵打败了晋军。楚庄王问他："寡人德薄，从来没有重视过你，你为什么还奋不顾身呢？"将军说："臣当死，上次宴会上失礼的人就是我，大王您宽宏大量不治我的罪，因此我一定要为您肝脑涂地。"

顾荣施炙。

子产是春秋时期郑国的执政，出身于郑国贵族。他待人宽厚，深受人们钦佩。一次，贵族丰卷准备用新鲜的野味祭祀，向子产请求打猎。子产没有答应，说：“按照规章制度，只有国君才可以用野味祭祀，大臣们用家畜就行了。”丰卷大怒，回到封地招募士兵，准备攻打子产。子产知道后，为了避免国家陷入分裂，准备离开郑国。郑国上卿子皮马上劝阻子产，并驱逐了丰卷。子产复职后，非但不记恨丰卷，反而下令保存丰卷的田产，三年后召丰卷回国，又把田产还给了他。

顾荣是西晋末年拥护南渡的司马氏政权的江南士族首脑。他在洛阳时，应邀去赴宴。在宴席上，他发觉烤肉的下人脸上显露出对烤肉渴求的神色，于是他拿起自己的那份烤肉，让下人吃。同席的人都耻笑他有失身份。顾荣却说：“一个人每天都烤肉，怎么能让他连烤肉的滋味都尝不到呢？”后来战乱四起，每当顾荣遇到危难，身边总有一个人保护他。顾荣感激地问他原因，才知道他就是当年烤肉的仆人。

糠秕在前，沙砾在后。

东晋时二品官王文度与三品官范荣期是同僚，王文度年轻职位高，范荣期年长却职位低。两人走路时总是互相谦让，请对方走在前面。一天，王文度无意间走在了范荣期的前面，连忙谦逊地说："簸之扬之，糠秕在前。"范荣期也当即回应道："淘之汰之，沙砾在后。"

唐临，字本德，京兆长安人，历经隋、唐两朝。唐临性情宽容，非常体谅人，从来不直接呵斥别人的错误。一次，他准备吊唁某人，但身在外面，便让童仆回家取丧服来。童仆错拿了别的白色衣服过来，吓得不敢进门。唐临知道祭拜不成，说："今天天气反常，不适宜悲痛哀苦，你拿来这件衣服正好，我穿上出去走走吧！"他又让仆人熬药，发现仆人拿错了汤药，就淡淡地说："今日天气阴暗，不适合服药，把汤药倒了吧！"

訾汝道助人。

裴行俭是唐高宗时的名将。一次，唐高宗下令赏赐一匹骏马给裴行俭。礼部官员在送马的半路上被马绊倒，马也摔伤了。随从和令史都怕因此获罪，不敢回报直接逃走了。裴行俭知道后，派人将他们找回来，宽慰他们说："你们都太小看我了，我裴行俭是计较这种小事的人吗？"他毫不介意，仍像以前一样对待他们，随从和令史都深受感动。

元代时德州齐河人訾汝道，平日乐善好施，以善行闻名乡里。同乡刘显等人贫困无法维生，訾汝道一一分给他们田地，让他们收地租维持生活，直到他们终老才把田地收回去。有一年，瘟疫流行，传说吃一种能使人发汗的瓜，病就好了。訾汝道就买了很多这种瓜，带上粮食，不顾被传染的危险，一户户亲自送去，救治了很多人。他曾经在春天把麦子、高粱借给别人，等到丰收年景再收回，不收利息；如遇到歉收之年，借债人无粮偿还，訾汝道就把借券焚烧，不要他们归还。他对家人说："积累粮食本来就是为了防备饥荒，所以如果遇到灾荒年景，一定要帮助贫穷的乡亲。"

千里传书只为墙，让他三尺又何妨。

安徽桐城有一条六尺巷。《桐城县志》记载，康熙年间礼部尚书张英的家人与吴姓邻居因宅居地界发生纠纷，家人飞书京城，让张英出面为家撑腰。张英回信：“千里传书只为墙，让他三尺又何妨。万里长城今犹在，不见当年秦始皇。”家人见信后，主动将墙退让三尺，吴家深受感动，也退让三尺，就形成了一个六尺宽的巷子。“六尺巷”因此得名。

彭德怀任红一方面军第三军团总指挥时，有一次带领三十多人外出察看地形。中途他们遇到一支部队在山坡上休息，传令兵手执红旗在前面开道，喊着让大家让一下路，只有一个战士坐着不动。彭德怀见人挡路便喊了几句，这名战士站起来就朝彭德怀打了两拳。彭德怀没有理会，匆匆赶路。事后，传令兵捆来那个战士见彭德怀。彭德怀却让他回去。战士自知闯祸，心里害怕，见彭德怀毫不在意，深受感动，后来逢人就说：“总指挥真是宽宏大量呀！”

抗日战争时期，聂荣臻所率部队在清扫被打败的日军驻地时，发现了两个日本孩子。许多对日军充满愤恨的战士和百姓都要把这两个孩子处死，而聂荣臻却轻轻地说道：“把孩子交给我吧，孩子是没有错的，他们也是战争的受害者。”于是，这两个孩子便被安全地交给聂荣臻抚养。两个日本孩子很可爱，亲切地用中文叫他聂伯伯，战士们后来也喜欢上了他们。后来，部队在转移时遭到了日军的袭击，当聂荣臻率部队准备作殊死决战时，一个日军的司令官突然连连摆手，因为他看到那两个日本孩子正是他所丢失的。就在他进退两难时，聂荣臻命令一个战士把两个孩子放在筐里还给了日军，日军深受感动，于是撤退了，并送给聂荣臻一封感谢信：“贵方的友善，让我们深感钦佩。”一场恶战就此避免。

1955年4月，第一次亚非会议在印度尼西亚的万隆召开。会议期间，周恩来利用各种机会开展外交活动，促进中国同亚非各国的友好关系。一次，印尼中国友好协会的工作人员到中国驻印尼大使馆向周恩来呈献礼物，周恩来趋前与友协到场的工作人员握手。一位印尼交通部高级职员的手因受伤而扎了纱布。由于药水的渗透作用，包扎的纱布看起来有点脏。当周恩来向他伸手时，他不敢伸出手来。周恩来却微笑着主动握住他的手，过了很长一段时间才放下。

对不起，请你们谅解。

一次，周恩来总理去某地视察工作，飞机着陆后，他同机组人员一一握手，表示感谢。这时机械师正蹲在地上工作，周总理和其他同志握手后就站在机械师身后耐心地等他，并示意不要惊动他。机械师工作结束后转过身来，才发现周总理站在身后，不禁大吃一惊，忙说："对不起，总理，我不知道您在等我。"周总理笑着说："我没影响你的工作吧？"周总理这种尊重别人、讲礼貌的好品质、好作风深深地感动了在场的所有人。

刘少奇同志工作繁忙，经常熬到深夜，除去吃饭的时间，中间很少休息。为了保证他的身体健康，身边工作的同志就常在他工作了一段时间后，走到他身边提醒或劝告他休息一下。可是，因为刘少奇同志工作起来思维非常集中，以至有时候对劝告他的同志不大在意，或者没有答复。过后，刘少奇同志以内疚的心情对身边的同志说："你们叫我休息，我十分感谢你们。但是，有时我精力过于集中，对你们的好意，可能态度生硬了一点，对不起，请你们谅解。"

人各有志。

近代著名教育家严修与张伯苓一起先后创办了南开中学、南开大学。从南开中学开始，严修便对周恩来青睐有加，称周恩来有宰相之才。为资助周恩来去欧洲留学，他特地在严家账目上为周恩来立了户头。除第一年的用款是用支票交给周恩来携走外，以后三年，均让人汇寄，每半年一次，准时不误。1950年张伯苓由重庆返抵北京，周恩来在西花厅宴请他，张伯苓带去严修的照片，周恩来动情地说："在欧洲时，有人对严老先生说，不要帮助周恩来了，他参加了共产党。老先生说：'人各有志。'这话是颇有见识的。他是清朝的官，能说出这种话，我很感激。"

1981年，我国足球名将容志行在与科威特队比赛中，两次被对方踢倒，造成旧伤复发，疼痛难忍。事后有人问他："你为什么不发火也不报复对方呢？"容志行说："对方已经受到裁判的制裁、观众的谴责和同伴的批评，他思想上也会有所触动，这样利于他改正。你若以错对错，报复对方，反而会助长粗野行为。"容志行有着宽容厚道、友善待人的品德和高尚的体育品格，因此赢得了广大球迷的爱戴。

友善所释放的温暖比强硬更有力量。

商丘老板伊庆民十一二岁时，路上遇到暴风雨，到一农户家避雨。主人见他又冷又饿，便把自家刚煮熟的玉米棒送给他吃。后来，当他找到已八十多岁高龄的老大娘时，回报了恩人一套楼房，说："您是我的恩人，这几十年我都没忘记。"

一天，太阳和风争论究竟谁更有力量。风说："你看下面那个穿着外套的老人，我打赌可以比你更快地让他把外套脱下来！"说完，便使劲儿向老人吹去，想把老人的外套吹下来，但它越吹，老人将外套裹得越紧。后来，风累了，没力气再吹了。这时，太阳从云的背后走出来，将温暖的阳光洒在老人身上，没多久，老人就开始擦汗了，并把外套脱了下来。于是，太阳笑着对风说："其实，友善所释放的温暖比强硬更有力量。"

我岂能因为它的天性，而放弃了我的天性。

一位在山中修行的老禅师月夜散步归来，发现一个小偷正在庙里偷东西。老禅师知道小偷不可能找到任何值钱的东西，早把自己的外衣脱了拿在手上。小偷离开时，在门口遇到了老禅师。老禅师说："你走这么远来探望我，总不能让你空手回去！夜凉了，你穿上这件衣服走吧。"说着，就把外衣披在小偷身上。小偷低着头惊慌地逃走了。第二天清晨，老禅师一睁开眼，发现那件外衣被叠得整整齐齐地放在门口。老禅师高兴地感慨道："知错能改，善莫大焉。"

禅师见蝎子掉到水里，决心救它。谁知禅师的手指刚碰到蝎子就被蜇了。禅师无惧，再次出手，岂知又被蝎子狠狠蛰了一次。身旁有一人问："它老蜇人，何必救它？"禅师答："蜇人是蝎子的天性，而善是我的天性，我岂能因为它的天性，而放弃了我的天性。"

当他们变成我的朋友，我不正是在消灭我的敌人吗？

一天，德国大文学家歌德外出散步，迎面碰到一位曾对他的作品提出过严厉批评的评论家。这位评论家盛气凌人地对歌德说：“我从不给傻子让路！”歌德却答道：“而我正相反！”于是他笑容可掬地给对方让路。歌德的忍让、机智、幽默不仅巧妙地维护了自己的尊严，而且避免了一场无谓的争吵。

林肯总统对政敌素以宽容著称，后来终于引起一名议员的不满。这名议员说：“你不应该试图和那些人交朋友，而应该消灭他们。”林肯微笑着回答：“当他们变成我的朋友，我不正是在消灭我的敌人吗？”这句话一语中的，多一些宽容，公开的对手或许就是我们潜在的朋友。

你现在已是我的学生。

有个姑娘要开音乐会，在海报上说自己是李斯特的学生。演出前一天，李斯特出现在这个姑娘面前。姑娘惊恐万状，抽泣着解释，冒称是李斯特的学生是迫于生计，并请求他的宽恕。李斯特要她把演奏的曲子弹给他听，并对她加以指点，最后爽快地说："大胆地上台演奏，你现在已是我的学生。你可以向剧场经理宣布，晚会最后一个节目，由老师为观众演奏。"李斯特在音乐会上弹奏了最后一曲。

19世纪末，商人布查特在维多利亚市建造了一座水泥厂。没过几年，布查特家附近的石灰石被开采完了，留下的是一个荒凉阴冷、不长草木的矿坑。面对房子周围已被破坏的自然环境，布查特的妻子詹妮大胆构思了一个整修利用被废弃矿坑的崭新计划——把采石场变成开满鲜花的花园。她从附近的农田征用了大量肥沃的土壤，用马车运到矿坑里。一年过去了，在詹妮的管理下，已被废弃的采石场开出了鲜花，再后来，整个矿坑开满了鲜花。这就是今天加拿大有名的布查特花园。人类向自然界的索取没有止境，但人类应该善待大自然，这也是布查特花园最重要的意义。

我们不是伟大的人，但我们可以用伟大的爱来做生活中每一件平凡的事。

在美国缅因州，有一位白人女作家，她每天坚持走三英里路到一个偏僻的公交站台坐车。这个小站地处黑人区，公交车每两个小时才来一趟，而且这些公交车司机只有看到白人才停车。这位女作家为了让这里的黑人顺利地坐上公交车，每天坚持赶路来这里上车，风雨无阻。有人不解地问她这样累不累，她说："只要心中有爱，一切都会纯如天然。我们不是伟大的人，但我们可以用伟大的爱来做生活中每一件平凡的事。"

玛丽是一位住在美国加利福尼亚州的家庭主妇。一个宁静的下午，门外传来一阵急促的敲门声。玛丽赶忙去开门，打开门时，她发现一个持刀的男子正恶狠狠地盯着自己。玛丽镇静地微笑着说："朋友，你是推销菜刀的吧？我喜欢，我要一把。"边说边让男子进屋，并给男子冲了杯咖啡。本来脸带杀气的歹徒腼腆起来，有点结巴地说："谢谢！哦，谢谢！"最后，玛丽买下了那把菜刀，男子拿着钱，在转身离去的时候，说："女士，你将改变我的一生！"